제자도의 발자취

제자도의 발자취
역사적 고찰과 현대적 적용

하도균 지음

* 본 저서는 2024년 1월부터 12월까지, 12개월간
두란노[목회와 신학]에 연재한 글을 편집하여 만들었습니다.

목차

추천의 글   9

글을 시작하며   17

제1장	제자도의 중요성과 역사적 고찰의 필요성	21
제2장	예수님의 제자도 특징과 현대적 의미	35
제3장	초대교회의 제자도 특징과 현대적 의미	53
제4장	교부 시대의 제자도와 현대적 의미	71
제5장	종교개혁 시기의 제자도와 현대적 의미	87
제6장	재세례파의 제자도와 현대적 의미	105
제7장	경건주의의 제자도와 현대적 의미	119
제8장	존 웨슬리의 제자도와 현대적 의미	135
제9장	떼제 공동체의 제자도와 현대적 실천	151
제10장	예수원 공동체의 제자도와 현대적 실천	167
제11장	재세례파 후예들의 제자도와 현대적 의미	183
제12장	제자도의 현대적 실천을 위한 제언들	199

참고문헌   216

추천의 글

황덕형 총장 (서울신학대학교)

오늘날 세계 기독교회는 변곡점 위에 있다. 전통적인 북반부 중심의 정통교회들이 현저하게 약해지고 그 사회 안에서 영향력이 날로 쇠퇴해 가는 반면 남반부에서는 새롭게 성령 운동으로 교회들이 폭발적으로 성장해 가고 있다. 다만 북반부 중심의 문화와 정치가 세계를 좌지우지하는 형편이어서 전통적인 기독교 세력이었던 북구에서의 기독교의 쇠퇴는 기독교의 세계적인 지도력의 위기로 떠 오르고 있는 것이 사실이다. 이런 위기의 한복판에 있는 우리에게는 기독교의 참된 정체성을 회복하는 것이야말로 절대적으로 필요한 일이며 긴요한 일이다. 이와 더불어서 이렇게 얻어진 기독교의 정체성에 대한 통찰을 각자의 자리에서 현대적으로 창의적으로 새롭게 적용하려고 노력하는 것이야말로 기독교의 생명을 이어가는 본질적 작업이라고 할 수 있다.

이러한 전환기의 시대에 하도균 박사께서 제자도의 역사적 고찰과 현대적 적용이라는 저서를 통해서 기독교의 정체성을 성경의 제자도의 모습에서 찾을 뿐 아니라 그것이 역사적으로 어떻게 변화되어 각 시대에서 살아 있는 기독교로서 작용하며 그 시대를 이끌어

갔으며 현대적으로 어떻게 적용되어야 하는가에 대한 상세하고도 전반적인 안내를 제시하고 있다. 하도균 박사의 글은 오랜 전도사역의 현장에서 고민하고 아파하며 자라난 열매이다. 그는 추상적인 학문으로 과시하는 것이 아니라 시대의 아픔을 공감하며 문제를 성경과 함께 묵상하며 창의적인 해결책을 제시하려는 현자의 고백이며 전도자의 뜨거운 외침이다. 그의 묵상은 성경과 현장 그리고 기독교에 대한 열정에서 자라났으며 후배들과 후학들을 위한 놀라운 훈련서이다.

바라기는 그의 이러한 진실한 노력이 주님의 은총 가운데 한국교회의 새로운 활력으로 역사하게 되기를 기대하며 21세기 한국교회와 함께 고민하며 아파하는 모든 분들에게 일독을 권하는 바이다.

추천의 글

김용의 선교사 (순회선교단 대표)

할렐루야!

깊은 어둠 속에서도 자기 자리를 지킨 파수꾼이 찬란하게 떠오르는 아침 해를 맞이할 수 있듯이, 말세에 어둠과 혼돈의 한복판에서 영원히 변하지 않을 진리를 붙들고, 어제나 오늘이나 영원토록 동일하신 예수 그리스도 그분만을 따르려는 용기 있는 제자들이 지금도 일어나고 있습니다! 이러한 제자들이 중심되어, 이 세대를 거슬러 떠밀려가지 않고 세상을 변화시키는 예수님의 진정한 제자 된 교회, 예수 교회가 현재도 일어나고 있고, 그러한 교회들을 중심으로 예수께서 가르치신 진리는 반드시 승리할 것입니다!

하도균 교수님의 열정과 십자가 복음에 대한 확신이 이 시대에 꼭 필요한 제자도를 일깨워, 담대한 순종의 전문가들로 예수의 제자 된 교회를 세우게 할 것입니다! 이 책이 그 길라잡이가 될 것을 믿으며, 감사하며 기쁨으로 이 책을 추천합니다

추천의 글

박석건 목사(YWAM 제주열방대학교 대표)

평소 저자를 만날 때마다 가끔 듣는 말이 있다. "전도는 길거리에서 전도지를 나누면서 예수 믿기를 청하는 것으로 끝나지 않는다고…." "예수 믿기를 청하고 예수 믿게 되면 그 믿음이 자라서 온전한 그리스도인으로 성장하고 성숙하게 되는 것까지 염두에 두고서 전도하는 것이다…"라고.

기독교 신앙의 중심에는 그리스도를 닮아가는, 그리스도의 장성한 분량에 이르기까지 성장해가는 제자의 도(道)가 있다. 오랫동안 전도자로, 목회자로, 신학자로, 그리고 제자 훈련자로 살아온 저자에게 제자의 도만큼 관심 끄는 일은 또 없을 듯하다. 교회의 역사 속에서 각 시대의 굽이마다 제자는 어떤 모습이었고, 제자의 도(道)를 실현하기 위해 그 시대의 그리스도인들은 어떤 노력을 해왔는지 나도 사뭇 궁금했다. 그 역사를 모두 헤집어 놓는다면, 나 같은 촌뜨기는 감히 책 한 장 열어보다가 지레 포기하기 쉬웠을 것이다.

다행히 본 저서는 제자도의 핵심적인 부분을 잘 모아 요약해 주고 있다. 본 저서를 읽다 보면, 예수 시대의 제자 모습부터 속사도 시대의 백색 순교까지, 또한 종교개혁 시대의 제자 모습과 현대의 떼제 공동체와 재세례파에 이르기까지, 시대마다 제자도를 실천한 외형적인 모습은 달랐지만, 그 중심을 관통하는 제자의 도(道)가 있었음을 보여준다. 우리 교회가 한번 더 제자의 도(道)의 중요성을 기억하고, 예수 닮아가는 성숙한 '예수쟁이'(제자)를 만드는 데 노력해 주기를 바라는 저자의 바람에 나도 한 표 던져 본다.

추천의 글

김선일 교수 (웨스터민스터 대학원대학교 전도학 교수)

그리스도인은 제자로 부름받은 사람들이다. 예수를 믿는다는 것은 예수의 제자가 된다는 것이다. 기독교 신앙이란 곧 제자도에 헌신하는 것이다. 우리는 제자도를 통해서 신앙의 목적지인 예수 그리스도와의 연합을 추구한다. 이처럼 제자도는 기독교 신앙의 본질적 진수인데도, 그동안 제자도를 역사적으로, 신학적으로, 그리고 실천적으로 해설해 주는 신학서가 흔치 않았다는 것은 의외다. 모두가 제자도가 중요하다고 말하지만 제자도의 역사적, 신학적 정립이 없이는 올바르고 견고한 제자도의 기초와 방향이 세워지지 않는다. 그렇게 되면 제자도는 이름만 거창하고 금방 휘발되기 쉽다. 이러한 면에서 본다면, 본 저서는 한국 교회의 성숙한 신앙 형성을 위해서 가장 필요하고 긴급한 과제에 대한 깊이 있으면서도 친절한 안내서다. 저자와 함께 기독교의 역사적 전통에서 제자도가 얼마나 다양하고 풍성하게 이해되고 실천되었는지를 탐색하다 보면, 그리스도의 제자 됨이 얼마나 귀하고 복된 유산인지를 새삼 발견하게 될 것이다.

추천의 글

정재영 교수(실천신학대학원 대학교, 종교사회학)

한국 교계에서 제자 훈련이 시작된 지 50여 년이 되었다. 1960년대 중반에 대학생 선교단체를 중심으로 시작된 제자 훈련은 70년대 말부터 지역교회에 접목되기 시작했고, 그 이후 한국교회에 지대한 영향을 미쳐왔다. 그런데 몇 년 전에 필자가 실시한 통계조사에서는 한국교회의 제자 훈련이 지나치게 교회나 선교단체 내부 활동에 치우쳐 있는 것으로 나타났다. 곧 제자 훈련이 성도를 제자화 하여 삶 속에서 제자로서의 사명을 실천하게 하기 위해 이루어지기보다, 자신이 속한 교회나 단체를 위한 일꾼을 만들고 있는 데 머물러 있다는 것이었다. 사회학자인 로버트 우스노우는 미국 교회의 소그룹들은 고립되고 이기적인 집단으로 변질되기 쉽고, 진정한 이웃 사랑이 실현되는 공동체를 제공해 주지 못하고 있다고 비판한 바 있다.

이제 한국교회는 제자도의 참뜻을 이해하고, 이를 교회 안에서뿐만 아니라 성도들의 삶 속에서 그리고 이웃과의 관계에서 실천할 수 있도록 해야 한다. 이를 위해서는 먼저 제자도가 형성된 역사적인 배경부터 이해할 필요가 있다. 뿌리를 모르고서는 그 정신을 제대로 구현할 수 없기 때문이다. 교회 역사 속에서 이루어진 제자도의 전통과 정신을 되살려서, 현대 한국 기독교인의 삶의 무대에서 구체화시켜야 한다. 이러한 제자도는 교회 안에서뿐만 아니라, 사회 속에서 기독 시민으로서의 참여할 수 있는 지침이 될 것이다. 이러한 점에서 볼 때, 본 저서는 이와 같은 과정을 하나씩 밟아나가며 실천하는데 좋은 길잡이 역할을 해줄 것이기에 추천하는 바이다.

글을 시작하며

'제자도'란 말은 언제 들어도 가슴이 뛴다. 왜냐하면 예수 그리스도의 제자란 단어가 내 인생을 바꾸어 놓았기 때문이다. 신학대학원을 다니며 유학을 준비하던 때, 주변의 권유로 등에 떠밀려 '제자화의 이론과 실제'라는 과목을 듣게 되었다. 그때 그 과목을 가르치셨던 분이 나의 스승이 될 줄은 꿈에도 상상하지 못하고… 또한 큰 기대를 가지고 들었던 과목이 아니었기에, 이 과목이 내 인생을 바꿀 줄은 꿈에도 생각하지 못하였다. 그런데 수업이 진행될수록, 예수님의 공생애 사역의 핵심이 제자를 만드는 일이었고, 급기야는 주님이 승천하시기 전 지상명령으로 주신 말씀도 "제자를 삼으라"는 것이 핵심이었음을 알게 되었다. 제자가 없이는 예수님의 사역을 계승할 수 없으며, 그렇기에 세상의 구원을 기대할 수 없다는 사실도 알게 되었다. 기독교 3대째 신앙생활을 해 오던 나는, 내가 얼마나 제자가 되어 가고 있는가를 점검할 수 있는 계기가 되었고, 그 결과 많은 반성과 신앙의 목표를 재정립할 수 있게 되었다. 그때 온전한 제자가 되기 위하여 참 많이 기도하고 울었던 기억이 있다. 예수님 소리만 들어도 눈물이 났고, 십자가만 보아도 눈물이 났다. 기도하다가 울었던 적은 다반사였다. 왜 이렇게 눈물이 나는 것일까? 상담도 해 보고, 스스로에게 물어도 보았는데, 어떤 이들은 그것이 성령 세례를 받는 것이라고 가르쳐 주기도 하였다. 그 말이 맞을 수도 있겠지만, 지금 와서 생각해 보면, 복음 안에서 신앙을 재정립하였던 시간이었다고 생각된다. 또는 웨슬리처럼 '복음적 회심'을 경험한 시간이라고 감히 이야기할 수 있을까? 아무튼 그 시간들 때문에 예수 그리스도의 제자된 삶을 알게 되었고, 제자도를 배우게 되었으며, 온전한 제자가 되어 작은 예수로서 예수 그리스도의 사역을 계승하는 사람이 되어야겠다는 다짐을 하며 오늘까지 달려왔다.

그러던 중, 두란노 목회와 신학에서 제자도의 역사적 고찰을 통하여 오늘날 어떻게 제자도를 성도들의 삶에 적용하며 실천할 수 있을지에 관한 글을 청탁받고 흔쾌히 승낙하였다. 그러나 제자도를 주제로 그 역사와 전통, 현대적 적용을 구체적으로 다루고 있는 글을 쉽게 찾아볼 수 없었고, 자료도 만만찮아서 글을 쓰겠다고 한 것이 후회되기도 하였다. 예수님 시대로부터 현대까지, 각 시대의 특징을 나타내는 신학적인 글들은 많이 있지만, 제자도를 중심으로 해석하고 집필한 글은 쉽게 찾아볼 수 없었다. 그러나 제자와 제자도가 얼마나 중요한 개념인지를 잘 알고 있었기에, 각각의 개념 정의부터 시작하여 그 개념을 중심으로 각 시대의 제자도의 흔적을 찾아 제시하려고 노력하였다. 부족하고 미흡한 부분이 많지만, 예수님 시대부터 현대까지 제자도의 흔적을 찾아 신학적으로 제시하려고 노력한 첫 시도라는 점에서 양해를 부탁드리며, 바라건데 이를 바탕으로 더 발전된 신학적 이론들이 제시되어, 혼탁한 교계와 방향을 잡지 못하고 있는 성도들에게, 신앙의 방향을 정립해 주고 무엇을 향하여 달려가야 할지를 제시해 줄 수 있기를 바래본다. 또한 복음 안에서 성장하는 제자를 통하여 한국교회가 변화되며, 더 나아가 한국 사회가 영향을 받아 변화될 날들을 기대해 본다. 그리스도인들은 각자의 삶의 영역에서 예수 그리스도의 제자로서 삶을 살아가는 자들이다. 교회 안에서는 물론이거니와, 삶의 영역에서도 제자의 삶을 살아낼 수 있을 때, 주님이 기대하고 바라는 세상이 우리에게 주어지지 않을까? '제자' 다시 들어도 가슴이 뛴다!!!

제1장

제자도의 중요성과 역사적 고찰의 필요성

'제자도'에서 가장 중요한 것이 무엇인가? 이 질문은 기독교 신앙의 중심 내용이 무엇인지를 묻는 질문과 같다. 왜냐하면 기독교 신앙의 중심된 내용을 담고 있는 것이 제자도라고 할 수 있기 때문이다. 모든 그리스도인은 예수의 제자로서 "그리스도의 장성한 분량의 충만"에 이르기까지 성장해 가야 한다. 이것이 그리스도인 신앙의 과정과 목표를 담고 있는 구절인데, 곧 제자도의 목표와 일치한다. 그러나 이러한 질문은 내용이 간단하기는 하지만 답하기 어려운 부분이 있다. 나름대로 강조하고 생각하는 부분이 다를 수 있기 때문이다. 그래서 이 질문을 다른 표현으로 바꾸어본다면 다음과 같이 할 수 있지 않을까? "예수를 믿는다는 것은 무엇을 의미하는가?" 필자는 간혹 이러한 질문을 타인에게 받기도 하고, 스스로 해 보기도 한다. 왜냐하면, 전도자로서 필자는 이 질문에 대한 답을 항상 생각하고 있으며, 어떻게 하면 좀 더 핵심적인 내용을 세상에 쉽게 전해줄 수 있을까를 고민하기 때문이다. 또한, 이 질문에 대한 답변은 스스로 예수를 잘 믿고 있는지를 확인할 수 있는 기준이 되며, 그렇기에 제자도를 잘 따르고 있는지를 가름할 수 있는 답이 되기도 하기 때문이다. 그런데 이 질문에 가장 많이 나오는 답 가운데 하나가, '교회 출석과 봉사'라고 할 수 있다. 눈으로 보기에 열심이 있어 보이기 때문이다. 하지만 이러한 기준에 충족된 자라고 할지라도, 신앙 성숙의 문제와 타인과의 관계적인 문제에 있어서 모범이 되지 못하는 사람들이 있는 것을 목격한다. 그렇다면 어떻게 답해야 옳을까? 이 질문에 좀 더 구체적인 답을 하기 위하여, '믿음'이라는 단어를 잠시 생각해 보자. '믿음'은 그 대상이 되는 분에 관한 지식과 경험이 바탕되어 진다. 기독교의 믿음은 맹목적인 믿음이 아니기 때문이다. 그러므로 믿음의 대상이신 예수께서 세상에서 중점적으로 하신 일들을 살펴본다면, 그 안에서 성경적인 답을 얻을 수 있지 않을까?

제자도의 핵심으로서 "예수를 따름"

마태복음에 보면, 예수께서 공생애 처음으로 어부들을 전도하시는 모습이 나온다. 예수님은 그물을 던지고 있는 어부들에게, "나를 따라오라 내가 너희를 사람 낚는 어부가 되게 하리라"(마 4:19)고 초청해 주셨다. 이 말씀은 세상 사람들을 하나님 나라로 초청해 주신 최초의 말씀이고, 제자를 만들기 위한 최초의 초청이었다. 또한 하나님 나라로 들어가는 일과 그 속에서 어떻게 행동하며 살아야 하는지에 관한 말씀이다. 비록 짧은 내용이지만, 그 안에 이러한 의미를 모두 내포하고 있다. 그러므로 이 초청에 응한 어부들은 유대교적 믿음과 신앙을 가지고 있었지만, 방향을 전환하여 예수를 따르는 삶과 신앙으로 바뀌었고 예수를 따르며 예수께서 원하시는 제자로 바뀌어 갔다. 이렇게 볼 때, 예수를 따르는 일은 예수께서 세상을 구원하시는 일에 동참하는 것이고, 자신의 구원을 완성하는 일에 중심이 되는 일이라고 할 수 있다. 또한 '예수를 믿는다'는 것은 곧 '예수를 따르는 것'이라고 할 수 있다. 이것은 시간과 과정이 필요한 일이지만, 예수를 따라가는 과정속에서, 자연스럽게 예수를 닮아 예수께서 원하는 모습대로 변화된다. 그래서 '예수를 따르는 일'은 제자도의 핵심이기도 하다. 이렇게 볼 때, 예수를 따르는 것은 교회 안의 여러 가지 프로그램 가운데 하나가 될 수 없으며, 신앙 성숙을 위한 하나의 방편으로 회자 되어서도 안된다. 예수님을 따르는 것, 그 자체가 신앙의 핵심이기 때문이다.

제자, 제자도, 제자훈련의 관계

그런데 여기서 한가지 구분하고 넘어가야 할 부분이 있다. 그것은 '제자', '제자도', '제자훈련'의 관계이다. 흔히 '제자도'를 '제자훈련'과 같은 의미로 사용하기도 하고 '제자'와 '제자도'를 혼용하여 사용하기도 한다. 그런데 '제자도'란 한마디로 말하자면, '제자가 되기 위한 핵심 내용' 혹은 '제자가 되기 위하여 가야 할 길'이라고 할 수 있다. '제자'는 '제자도'를 통하여 완성될 수 있는 것이다. 그렇기에 '제자도'는

'제자'가 될 수 있는 청사진이라고 할 수 있다. 청사진, 설계도가 없이 온전한 제자가 될 수 없다. 그러므로 '제자도'란 예수님을 따라가는 제자들이 예수님을 닮기 위하여, 성숙을 위하여, 달려가야 할 길이라고도 표현할 수 있다. 제자가 되기 위한 길은 예수님을 닮는 길이고, 그것은 신앙의 성숙이라는 어구로 바꾸어 표현할 수 있다. 우리의 신앙생활 속에는 서로 비슷한 의미의 용어들을 서로 다른 표현으로 사용하는 것들이 많이 있다. 다소 압축적이고 추상적으로 보여질 수 있지만, '예수를 따르는 것'이 신앙의 모든 것이다. 다만, 예수를 온전히 따르기 위하여, 스스로에게 방해가 되는 것들을 내려놓고, 시대적으로 대항하여 싸워야 할 것들에 대해서 싸워 이기며 구체적으로 제자도의 내용을 삶으로 실천하기 위하여 프로그램화한 것이 '제자훈련'이라고 할 수 있다. 그렇기에 제자훈련은 교회 성장을 위한 하나의 방편이 아니라, 제자도를 실천하고 현재화하기 위한 체계적인 프로그램이며 신앙 성장을 위한 핵심 체계라고 할 수 있다.

이렇게 볼 때, 교회의 가장 중요한 존재 목적이 예수님의 제자를 만들어 내는 일이 아니라면, 또한 교회에서 제자도가 강조되고 그것을 실천하기 위한 제자훈련이 구현되지 않는다면(그것이 형식적 제자훈련이든, 비형식적 제자훈련이든), 교회를 통하여 예수님을 닮아가는 자들이 배출되지 않는다면, 그것은 교회가 이 세상에 존재해야 할 가장 중요한 핵심을 놓치고 있는 것이라고 할 수 있지 않을까? 그런데 이쯤에서 분명히 중요한 반론이 나올 수 있다. 그것은 제자에 관한 개념 때문이다. 즉, 과연 모든 그리스도인이 제자가 되어야 하는가? 의 질문이 등장할 수 있다. 예수님의 핵심적인 12 제자는 되지 못하더라도, 평범한 그리스도인은 가능하지 않은가? 라고 생각할 수 있기 때문이다. 이것은 제자와 그리스도인을 구분하여 생각할 때 나올 수 있는 질문이며, 또한 제자라는 개념 정의가 명확하지 않을 때 나올 수 있는 질문이다. 그렇다면 제자란 어떠한 사람일까?

제자란?

일반적으로 제자는 위대한 스승을 따르는 학생이라는 개념을 가지고 있고, 그렇기에 제자는 배우는 사람이라는 의미도 포함되어 있다. 그러나 이러한 일반적인 의미만을 가지고 성경에서 말하는 제자의 개념을 대표할 수 없다. 왜냐하면 성경에서 사용된 제자의 개념은 단순한 학생의 개념을 넘어선 의미로 많이 사용되었기 때문이다. 그래서 몇몇 사람들은 '제자란, 헌신 된 그리스도인으로서 예수님을 따르고 예수님의 철저한 요구에 헌신하기로 결심한 자'라고 말하기도 한다. 이 또한 중요한 의미를 내포하고 있지만, 성경은 헌신 된 자만을 제자라고 부르지 않는다. 이 개념은 자신이 강조하고 싶은 제자의 부분적인 의미를 강조한 개념이라 할 수 있다. 그런데 제자의 정의에 있어서 또 다른 형태의 의미가 있다. 그것은 제자는 회심한 사람이고, 그 뒤에 제자도가 따라온다는 것이다. 그렇기에 제자란 회심을 한 후, 제자도의 과정에 있는 사람이라는 의미가 되기도 한다. 이러한 개념은 독자로 하여금 조금 더 명확한 개념을 가져다 준다. 제자란 회심한 자이고, 그 뒤 제자도의 길을 걸어가는 사람이라고 구분하여 규정하고 있기 때문이다. 그런데 이러한 개념이 독자의 이해를 돕기 위하여 회심과 제자도를 구분하여 설명하였지만, 실제로 회심과 제자도는 한 줄기 안에서 이해 되어져야 한다. 제자와 제자도가 한 줄기이듯 말이다. 당연히 회심한 사람이 제자도를 거쳐야 한다고 생각할 수 있지만, 이러한 구분은 회심의 단계에서만 머물고 그 안에서만 만족하는 그리스도인들을 만들 여지가 있기에 문제가 있다. 그리스도인이 된다는 것은 처음부터 제자도에 들어선다는 것을 의미한다. 물론 회심이 신앙의 출발점이라고 말할 수는 있지만, 회심의 과정과 순간도 단순히 설명하고 정의하기가 힘든 단어다. 회심한 자가 제자도를 선택하지 않고 구원을 받은 자로만 만족한다면, 큰 잘못이다. 교회사에 보면, 이러한 사람들은 율법 폐기론자의 형태로 나타났고 이단으로 정죄되기도 하였다. 진정으로 회심한 사람은 예수를 닮아간다.

　이상에서 볼 때, 제자의 개념은, 일반적인 의미와 예수께서 부탁한 특정한 의미를 모두 포함시켜야 옳을듯하다. 일반적 의미로는 위대한 스승이신 예수를 추종하고 따르는 모든 사람을 제자라고 할 수 있다. 여기에는 배우는 자와 학습자의 의미도 포함되어 있다. 이미 위대한 스승을 따른다고 하였을 때, 그러한 의미가 내포되어 있기 때문이다. 그러므로 예수님을 배우려 하지 않고, 더 알기 위하여 추구하지 않는 사람은 제자라고 할 수 없다. 그러나 성경에서 말하는 제자는 거기에만 머물러 있지 않고, 예수님의 말씀과 요구를 철저히 순종하는 자라는 의미까지 포함한다. 그 대표적인 것이 예수님의 지상명령이다. 예수님의 지상명령을 준수한다는 것은, 한 사람이 제자도의 과정을 걸으며 자신이 제자가 되는 데에만 초점을 맞추지 않고, 다른 사람으로 제자 삼음으로 자신이 예수의 제자임을 입증한다. 이상에서 볼 때, '제자란 예수님을 따르며 예수님의 말씀을 지키고 순종하는 자'라고 간단히 말할 수 있다. 여기에는 일반적인 의미와 특별한 의미가 모두 포함되어 있다. 이러한 제자의 개념을 가장 보편적으로 사용한 성경이 사도행전이다. 사도행전에서 제자란 '신자' 곧 '그리스도인'을 의미했다. 즉 예수를 믿고 따르며 예수님의 말씀을 실천하고자 하는 모든 사람을 제자라고 호칭하였다. 사도행전에서는 신자가 곧 제자였다. 그것도 그럴 것이, 그 시대에는 기독교의 핍박과 박해가 심했던 시기였다. 그러므로 예수를 믿는다는 것 자체가 자신의 생명을 내려놓고 예수를 따르는 일이었다. 그러한 결단으로 기독교에 입문한 자들이었기에, 예수의 말씀을 지키고 순종하는 일에 최선을 다한 것은 말할 나위가 없다. 그래서 수많은 순교자도 나타나게 된 것이다. 비록 사도행전의 시대와 그 후의 시대, 그리고 오늘날의 시대가 상황과 환경적으로 차이가 있지만, 그리스도인, 곧 신자를 제자라고 호칭한 일은 중요한 의미를 지닌다. 먼저, 서신서에서 사라진 제자라는 단어를 유추할 수 있는 단서를 그 의미에서 찾을 수 있다. 또한 오늘날의 제자라는 개념을 어떻게 정의하고 나가야 하는지에 관한 방향을 제공하기 때문이다.

제자도란?

이상에서 보았듯이, 제자와 제자도는 한 줄기이며, 제자도는 제자를 완성해 가며 제자를 성숙하게 만들어가는 내용, 혹은 과정이라고 할 수 있다. 특별한 교회가 운영하는 특별한 프로그램이거나 특별한 과정이 아니라, 기독교가 달려가야 할 보편적인 길, 과정이 제자도다. 그러므로 본회퍼가 말했듯이, "제자도가 없는 기독교는 그리스도가 없는 기독교"와 같다. 또한 제자도를 무시하는 기독교는 예수님이 아닌, 다른 것들을 더 중요하게 여기며 달려가는 종교집단이라고 할 수 있을 것이다. 제자도의 핵심은, "예수를 따르는" 것이다. 그렇게 예수님을 따라갈 때, 예수님을 닮아간다. 예수께서도 직접, "제자가 그 선생보다 높지 못하나 무릇 온전하게 된 자는 그 선생과 같으리라"고 말씀해 주심으로 제자는 스승과 비슷해지는 과정으로 자연스럽게 들어간다는 것을 확인시켜 주셨다. 그렇기에 이 원리가 성경적인 제자도의 목표가 된다. 제자도를 통하여 완성하고자 하는 목표가 무엇인지를 가르쳐 주기 때문이다. 교회가 제자도를 가르치고 강조할 때, 교회 안에 있는 무리와 같은 자들 때문에 주저하거나 어려

위하는 사역자들도 있을 수 있다. 그러나 걱정하지 않아도 된다. 교회가 제자도를 선포하고 강조할 때, 무리와 같은 사람들에게는 제자의 중요성과 필요성, 그리고 제자가 되는 행동에 대해 일깨워 줄 것이며, 제자들을 향해서는 그들의 신앙의 성장에 도움을 줄 것이기 때문이다. 또한 제자도의 내용은 시대와 상황, 그리고 각 개인이 살아온 성향과 기질, 그리고 익숙한 습성에 따라 차이가 있기도 하다. 이것은 본질의 내용이 바뀌는 것이 아니라, 제자가 되어가는 과정에서 훈련해야 할 내용과 강조점의 차이라고 할 수 있다.

제자도 교육의 필요성

교회에서 실천하는 모든 프로그램과 행동들은 예수님의 제자들을 만들어 내는데 초점이 맞추어져 있다고 해도 과언이 아닐 것이다. 특별히 이단적인 행위를 해서 자신을 드러내거나 자신의 왕국을 만드는 행위가 아니라면 말이다. 그런데 왜, 교회의 모습을 둘러보면, 예수님을 닮아가는 제자도를 강조하지 않을뿐더러, 교회 안에서 제자라는 개념의 중요성도 사라진 것처럼 보일 때가 많을까? 그것은 제자도에 관한 교육의 부재가 낳은 지식의 부재가 가장 큰 문제라고 생각된다. 즉, 명시적으로 제자도를 강조하고 제자훈련을 하는 교회만 제자도가 있는 것은 아니다. 비형식적으로, 명시되어 있지 않더라도, 하나님의 사람이 되기 위하여 노력하는 모든 행위가 제자도의 실천이라고 할 수 있다. 그러나 제자도에 관한 균형 잡힌 교육과 지식의 부족으로, 자신의 행위가 무엇을 위한 행동이었는지 명확히 알지 못하였다고 할 수 있다. 한 사람이 '하나님의 사람'이 된다는 것을 다른 표현으로 서술하자면, '온전한 제자가 된다'는 말로 바꾸어 사용할 수 있다. 이처럼 '제자도', '제자'라는 단어를 사용하지 않아도, 얼마나 많은 그리스도인이 제자가 되기 위하여 노력하고 있는 것이 사실이다. 그런데 '제자도'라는 단어와 그 내용을 강조하고 교육하지 못하였기에, 지식의 부재로 말미암아 그리스도인의 신앙의 행위를 하나의 목표(제자화)로 집중하게 하지 못하였고, 신앙 행위의 목표와 그 초점이 흐려져서 진정으로 중요한 것이 무엇인지를 잊어 가게 하였다. 이러한 상황에서 교회는, 부흥과 성장을 시킬 수 있는 어떠한 방법이 있다면, 특별한 검증의 절차 없이 교회의 프로그램으로 자리 잡게 하였다. 바로 이것이 오늘날 교회를 힘들게 하는 요인이 되고 있지 않을까? '선택과 집중'의 문제는 코로나를 지나 회복과 부흥을 위해 달려가는 한국교회에 다시 필요한 어구가 되었다.

제자도의 본질적인 내용

온전한 제자를 만들어 내는 제자도! 이것은 항상 강조하여도 지나치지 않다. 그러나 제자도의 형태와 내용은 시대와 대상에 따라서 변화될 수 있다. 본질적인 내용이 변화된다는 것이 아니다. 그렇다면 무엇을 본질적인 내용에 넣을 수 있을까? 많은 것들이 있겠지만, "나를 따라 오너라"라고 말씀해 주심으로 제자도의 핵심이 무엇인지를 가르쳐주신 예수님의 말씀을 중심으로 몇 가지 기술해 보면 다음과 같다. 첫째 사람의 중요성이다. 특별히 한 영혼의 중요성이다. 예수님은 공생애를 시작하면서, 가장 먼저 사람을 찾으셨다. 제자가 스승을 찾은 것이 아니라, 스승이 제자를 찾아 나섰다. 사람을 중요하게 여기는 모습이 여기에 담겨져 있다. 사람이 방법이고, 사람이 모든 것이다. 사람의 중요성을 잃어버리면, 특별히 한 영혼의 중요성을 잃어버리면 기독교는 형식만 남게 된다. 기독교 역사가 그것을 증명한다. 둘째, 이 세상이 아닌, 하나님이 준비하신 세상이 있다는 것을 가르쳐 주고 그것을 소망하며 달려가게 해주어야 한다. 눈에 보이는 것이 모든 것이 아니다. 내가 경험하고 인지한 것만이 나의 미래의 모델이 될 수 없다. 셋째, 변화를 기대하여야 한다. 예수님은 제자들에게 사람을 낚는 어부로 만들어 주시겠다고 약속하셨다. 이것은 예수님 자신의 모습이다! 사람을 낚는 어부의 모습말이다! 예수님을 따라가면 반드시 예수님을 닮은 사람으로 변화될 수 있음을 알아야 한다. 넷째, 예수님을 따르기 위해서는 세상적인 것과의 단절과 포기가 있음을 가르쳐 주어야 한다. 그것이 있어야 예수님을 따르는 일이 가능하다. 제자들도 자신들의 배와 그물을 버려 두고 예수님을 쫓았다. 다섯째, 예수님이 주도권을 가지고 끌어가야 한다. 이것이 중요하다. 그래서 예수님은 "나를 따라 오너라"라고 말씀하셨다. 예수께서 주도하여 이끌어가시는 일이기에 모든 것을 그분께 맡기고 따라가면 된다.

제자도의 역사적 고찰이 필요한 이유

그렇다면 시대와 상황에 따라 변화할 수 있는 제자도의 형태와 내용은 어떠한 것이 있을 수 있을까? 먼저, 제자도는 너무 추상적인 단어이다. 그러므로 제자도의 내용이 각 개인에게 구체화 되어 제시되어질 때, 그리스도인은 그 과정을 걸어가며 온전한 제자, 성숙한 제자가 될 수 있다. 그런데 예수님을 닮아가는 이 과정은, 시대에 따라서 그리스도인들이 맞서 싸우고 내려놓아야 할 내용들이 상이할 수 있다. 또한 개개인 그리스도인의 성향과 환경, 특성, 기질에 따라서 강조되어야 할 내용도 상이하다. 그렇기에 제자도의 과정을 걸어가며 예수님을 온전히 닮아가기 위해 제시되어야 할 내용과 형태는 각각의 시대마다, 개인마다 차이가 있을 수 있다.

이렇게 본다면, 시대에 걸쳐 변화된 제자도의 개념과 내용을 살펴본다는 것은 의미 있는 일이다. 또한 각각 시대마다 제자라는 개념의 용어가 다른 표현으로 바꾸어 사용되기도 하였다. 이미 언급하였지만, 성경의 서신서에서는 제자라는 단어를 사용하지 않고 다른 단어를 사용하였다. 그렇다고 제자도가 사라진 것은 아니었다. 그것은 그 시대적인 상황과 여건이 있었기 때문이다. 혹자는, 이미 성경 안에서 시간이 흐르며 제자의 개념이 사라졌기에, 제자도는 하나의 프로그램이나 신자를 훈련시키는 방식으로만 이해하는 사람도 있다. 그러나 제자도가 기독교 신앙의 본질이라면 사라지지 않는다. 다른 방식으로 존재해 왔다. 이에 필자는 앞으로 제자도의 역사적 흐름을 고찰하여, 그것이 어떻게 각 시대에 맞게 기독교 안에 정착되어 기독교 신앙의 본질을 이끌어 왔으며 하나님 나라를 확장시켜 왔는지를 살펴볼 것이다. 그리고 그것을 토대로 오늘날 이 시대에 걸맞는 제자도의 모습과 내용을 제시하고자 한다.

제2장

예수님의 제자도 특징과 현대적 의미

"제자도 없는 기독교는 언제나 그리스도가 없는 기독교"라고 본회퍼가 언급했던 것과 같이, 제자도는 기독교 신앙의 핵심이다. 그러나 제자도의 내용과 방법은 시대마다 조금의 차이를 보이며 전해 내려왔다. 그 시대마다 '제자가 되기 위하여 내려놓고 고민해야 할 상황'이 달랐고, 또한 '무엇을 강조하느냐', '어떠한 방식으로 실천하느냐'가 다를 수 있기 때문이다. 그러나 1세기 예수께서 제자들을 부르시고 그들을 제자로 만들어가신 예수님의 방식은 제자도의 내용과 방식 중에서 모형이 될 수 있다. 기독교 제자도의 본질은 예수님을 따르는 일이기에, 그분이 직접 제자를 부르시고 어떻게 그들을 이끌어가셨는지는, 그 후에 예수님을 따라가야 할 모든 사람의 기준과 척도가 되기 때문이다. 물론, 예수님의 시대와 지금의 시대가 다르기에, 예수께서 행하셨던 모든 것을 오늘날 그대로 적용할 수 있다고 여겨지지는 않지만, 핵심이 되는 내용과 방식은 지금도 예수님을 따르는 사람들의 기준이 되고 모형이 된다.

예수님의 제자도의 배경

예수께서 활동하셨던 시대는 '그리스-로마 세계'라고 불리우던 시대였다. 서구 문명의 모태가 되고, 천년 문화를 묘사하는 말이 바로 '그리스-로마 세계'였다. 이 시기에 제자도는 귀족에서 하층민에 이르기까지 그리스인들의 삶 속에 스며든 시기였다. 그 당시 유명한 그리스의 철학자들이 활동하였고, 또 로마는 자신들의 힘과 역량을 전 세계에 펼치고 있던 시기였다. 그렇기에 이 시기에는 자연스럽게 학문적, 사상적 영향력이 있는 사람들을 추종하고 배우려는 문하생들이 많아졌고, 스승은 자신을 추종하고 배우려는 사람들을 가르치고 훈련시키며 그 영향력을 펼쳐 나갔다. 예수님께 제자가 있었다는 사실은 그러한 시대의 하나의 모습으로 비춰질 수 있는 현상 가운데 하나였다. 마치 그 시대의 유명한 플라톤, 소크라테스와 같은 사람들이 자신을 따르는 사람들과 함께 생활하며 자신의 영향력을 전하고 나누어 주던 모습과 같다고 할 것이다. 그렇기에 예수님과 제자들의 모습을 이 시대의 자연스러운 현상으로만 보며, 그 모습을 기독교의 핵심으로 여기려 하지 않는 사람들도 있다. 예수께서 이 땅에 오신 목적을 실천하시며 전수하기 위한 방법으로 제자들을 부르시고 훈련시킨 것이 아니라, 그 시대적인 현상으로만 이해하려 하기 때문이다. 그러나 예수님과 제자들의 관계는 비록 그 시대에 종종 볼 수 있는 자연스러운 모습이기는 하였지만, 달랐고, 특색이 있었으며, 예수님의 사역의 핵심이었다.

예수님의 제자도와 깊은 관련이 있는 것 중에 하나가 유대 사회 랍비의 전승에 나타난 제자도였다(빌헬, [완전한 제자도] 69-70 참조). 랍비의 전승에 따르면, 그들에게 다섯 가지 제자도의 특징이 나타난다. 첫째, '선생을 따르기로 결정'하는 일이었다. 여러 선생들 가운데 자신이 따르기를 원하는 선생을 결정하는 것이 첫째였다. 둘째, '선생의 말을 암기함'이 공부 방식이었다. 그 시대는 구전 시대였기에 암기가 공부의 방식이었으며, 제자들은 스스로 암기하여 그다음 사람에게 지식을 전달하였다. 셋째, '선생 사역의 방식을 배움'이 그 다음이었는데, 제자는 자신의 선생이 어떻게 율법을 지키고 실천하였는가를 배웠다. 넷째, '선생의 삶과 인격을 본받음'이었다. 랍비의 학생들은 열과 성을 다하여 선생을 배우려 하였고 본을 받으려고 노력하였다. 다섯째, '자신의 제자들을 길러냄'이다. 한 제자가 자신의 훈련을 마치면 자신의 도제들을 모아서 자신이 배운 것을 재생산하는 것이 상례였다.

어떻게 본다면, 예수님의 제자도는 랍비의 제자도 방식을 기반으로 발전시키고 좀 더 특색있게 만든 것이라고 할 수 있다. 그것은 그 시대 예수를 따르는 제자들을 위한 배려기도 하였고, 랍비들의 제자도 역시 미약하기는 하였지만, 구약시대부터 선지자들이나 영적 거장들이 자신의 제자들을 양성해 내었던 방식이 배여 있던 것이었기 때문이었다. 예수께서는 그 기반을 사용하셨지만, 그것을 체계화시키시고 그 안에 생명을 넣어 생명이 흘러갈 수 있는 통로가 되게 하셨다. 이것이 예수님의 제자도 특징이다. 그렇다면 '그리스-로마 시대'의 제자도, 그리고 랍비의 제자도와는 차별이 있는 예수님의 제자도는 어떻게 설명할 수 있을까?

예수님의 제자도의 특징

예수님의 제자도 특징은 이미 앞에서도 언급하였지만, 그 시대의 다른 선생들과는 차이가 있고 특색이 있었다. 스승되신 예수께서 목적을 가지고 처음부터 주도해 나가셨기 때문이다. 그것은 세상을 구원하시기 위한 하나님의 방법이었다. 즉, 그 시대의 다른 어떠한 제자도와는 달리, 이것은 반드시 성취해야 할 세상의 구원 문제와 직결된 것이었다. 자신을 따르는 몇 사람에게 지식을 전달하고 삶의 방식을 전수하여 그들을 변화시키는 것이 목적이 아니라, 자신을 닮아감으로 변화된 제자들을 통하여 또 다른 제자들을 양성해 내고, 그들을 통하여 세상을 구원하고 변화시키려는 것이 목적이었다. 그러므로 세상 구원을 위한 하나님의 방법은 다분히 사람이 중심이었다고 할 수 있다. 여기서는 복음서에 기술된 예수님의 행적에서 제자도와 관련된 중요한 내용을 기술하려 한다(로버트 콜만, [주님의 전도 계획 참조]).

제자의 시작 - 부르심

예수님의 제자도에서 처음으로 나타나는 특징이라고 할 수 있는 부분은 예수께서 주도권을 가지고 제자들을 부르셨다는 데 있다. 예수를 따르는 무리들 가운데서 제자를 선택한 것이 아니라, 자신이 세상에 어떠한 영향력을 드러내기도 전에, 사역을 처음 시작하시면서, 그 첫 사역이 제자들을 찾아다니시며 제자를 부르신 것이다. 이러한 모습은 예수님 제자도의 중요한 특징을 나타낸다. 먼저, '그리스-로마 시대'의 스승들은 자신의 영향력을 보고 따르는 자들 때문에 제자도의 관계가 형성되었고, 이것이 일반적이었다. 영향력이 있는 사람 주변에 그를 추종하고 배우려는 사람들이 모이는 것은 당연하기 때문이다. 그러나 예수께서는 당신의 어떠한 영향력도 나타내시기 전에 제자를 선택하신 것이다. 이것은 예수께서 하나님의 아들로서 그 부르심에 권위와 능력이 있었기에 가능하였다. 그렇기에 부르심을 받은 자들은 예수님의 부름을 받고 자신의 일을 내려놓고 예수를 따랐다.

다음으로, 예수님의 부르심에 나타나는 독특한 부분은 유대인들로만 구성되었다는 것이다. 예수께서 제자를 부르신 열둘에는 이방인이 포함되지 않았다. 예수님의 제자도가 오늘날 제자도의 모형이 되어야 한다면, 그 가운데 이방인들이 포함되어야 하지 않느냐고 질문할 수 있다. 또한 이러한 모습을 오늘날 어떻게 적용할 수 있느냐고 질문할 수도 있다. 이 부분의 현대적 적용은 이 글의 마지막에서 다룰 것이지만, '왜 이방인이 포함되지 않았을까?' 하는 질문을 가질 수 있다. 이것은 예수께서 수로보니게 여인을 만났을 때 하셨던 말씀에서 답을 찾을 수 있다. 예수님은 자신에게 도움을 요청하는 여인에게 굉장한 선언을 하신다. "자녀의 떡을 취하여 개들에게 던짐이 마땅치 아니하니라" 치욕적인 말씀이다. 그런데 여기에 중요한 구원의 순서가 있다. 그 당시 유대인들로부터 개 취급을 받았던 이방인들! 그들이 개 취급을 받았던 것은, 그들이 하나님을 알지 못하였고, 그렇기에 무엇을 위해서 살아야 하는지도 알지 못했던, 즉 자신의 마음대로 살아가는 자들이라고 여겨졌기 때문이다. 물론 유대인들도 다를 바는 없었지만, 그들은 창조주를 알고 있었으며, 자신들의 비참한 삶 속에서 메시아를 기다리던 사람들이었다. 그렇기에 유대인들은 자신이 메시아로 여긴 사람에게 자신의 삶을 내려놓고 따를 수 있는 기반이 있었다고 볼 수 있다. 여기에서 볼 수 있는 모습은, 예수께서 동질된 공동체를 만들어 그 안에서 제자를 만들려 하셨다는 것이다. 사람마다 차이는 있지만, 유대인과 이방인의 차이는 너무 큰 것이어서, 이미 준비된 동질 공동체 중심으로 제자를 만드시고, 그 영향력을 확대해 나가려는 것이 예수님의 목적이셨다. 제자를 만들어가는 토양이 동질 공동체임을 엿볼 수 있는 대목이다.

제자를 향한 가르침 - 삶을 나눔

예수님의 제자도 특징 중에 또 하나는 부르신 자들을 제자로 만드시기 위하여 자신의 삶을 전부 헌신하여 제자들과 함께 하였다는 점이다. 이것이 예수님이 제자들을 가르치신 방식이었다. 실제로 가르침은 일정한 시간과 형식도 필요하다. 그러나 예수님의 가르침의 특징은 특별한 형식을 갖추지 않았으며, 비형식적인 가르침, 곧 예수님과 함께한 모든 시간이 가르침을 배우고 스승을 닮아가는 시간이었다. 이것은 굉장히 중요한 요소이다. 지식의 전달만으로 제자가 만들어지는 것이 아니라, 삶을 함께 함으로, 그 안에서 모든 것을 배우고 닮아가도록 만드신 것이다. 이러한 특징이 있었기에 제자들은 스승과 허물없이 교제할 수 있었고, 자신들의 생각과 사상을 가감 없이 예수께 내려놓고 답을 듣기도 하였다. 예수님과 삶을 함께한 제자들은 언제든지 예수께 묻고 답을 들었으며, 또한 예수께서 하시는 모든 삶의 방식을 보고 배워갈 수 있었다.

　이것은 제자들에게만 중요한 요소가 아니다. 제자를 만들어가는 스승에게도 중요한 요소였다. 먼저, 제자와 함께하는 삶을 산다는 것은 자신의 모든 삶을 오픈하는 것이다. 스승에게 참 힘들고 어려운 부분일 수 있다. 그러나 예수께서는 함께하는 삶의 시간을 통하여, 자신이 가르치기 원하는 모습들을 직접 시범자로서, 모범으로서 제자들에게 보여주셨다. 그렇기에 제자들은 지식적으로만 깨우친 것이 아니라, 실제 삶의 모습에서 어떻게 적용하고 실천해야 하는지를 구체적으로 보고 알 수 있었다. 스승 되신 예수님은 스스로 기도하는 모범을 보여주셨고, 한 사람을 얼마나 소중히 여기시는지도 직접 보여주셨다. 또한 영혼 구원이 얼마나 소중한지도 실제로 전도하시며 보여주셨다. 예수님은 당신이 할 수 있는 일들을 보여주심으로써 제자들도 할 수 있다는 확신을 가질 수 있게 해 주셨다.

또한 함께 삶을 나누면서 제자들을 파악하시고 그들의 방향을 잡아주셨다. 아무리 배웠어도, 그리고 시간을 함께했어도, 그들이 얼마만큼 성장하고 변화되었는지는 곁에 있는 스승이 가장 빨리 인지하고 제자들을 도와줄 수 있다. 그야말로 신생아가 태어났을 때 엄마가 아기와 함께 붙어 있으며 아기의 성장을 도와주는 모습과 같다고 할 수 있다. 예수님은 이것을 포도나무에 비유하시며 가지가 나무에 붙어 있어야 열매를 맺을 수 있다고 말씀해 주셨다. 이것은 오늘날 시대적으로 요청되고 있는 '상담자' '코칭' '돌봄과 배려'의 모습이 모두 담긴 형태라고 할 수 있다. 한 사람의 소중함을 알지 못한다면, 한 사람으로부터 세상이 변화될 수 있다는 사실을 알지 못한다면, 어느 누가 이렇게 흉내 낼 수 있을까?

제자의 변화 – 세상과 구별

예수님은 제자들과 함께 삶을 나누시면서 그들에게 적당한 시간, 즉 세상과 구별이 필요할 때 제자들에게 그것에 관하여 말씀해 주셨다. 세상과 구별되어 온전한 하나님 나라의 일원이 되어져야 그들의 삶에 진정한 변화가 일어날 수 있기 때문이다. 제자들의 변화는 지식적인 깨달음 안에만 있지 않았다. 겉 방식만 예수를 닮아가는 것은 변화가 아니다. 예수께서 원하신 변화는 세상과 다른 하나님 나라의 삶의 방식을 살아내는 것이었다. 그때 제자들은 세상이 감당할 수 없는 사람들이 되어가고, 세상에 영향을 끼치는 사람들이 되어가는 것이다. 예수님의 제자들은 세상이 아니라, 하나님 나라의 방식에 익숙한 자들이 되어야 했다. 그러므로 예수님은 세상과 다른 하나님 나라의 방식을 설명해 주시며 세상과 구별된 삶을 결단하며 살아갈 것을 촉구하셨다.

예수님의 첫 부르심은 '나를 따라 오너라'는 것에 초점을 두었지만, 예수님을 따른 제자들이 나름대로 자기의 방식대로, 자기가 원하는 대로 잘못 따라갈 때, 예수님은 그들의 삶의 방향을 다시 설정해 주시기 위하여 '구별'을 말씀해 주셨다. 이것은 강력한 가르침이었고 예수님 제자도의 특징적인 부분이다. 세상 속에 살지만, 세상과 구별된 삶을 살아야 한다는 것은 세상적인 것들을 내려놓고 포기해야 한다는 의미를 담고 있기 때문이다. 예를 들자면, 야고보와 요한은 예수님을 따르는 자들이었지만, 그들은 자신들의 세상적인 욕망을 버리지 못한 자들이었다. 그래서 예수님을 통하여 세상적인 권세와 권위를 갖기 원하였다. 그러한 제자들을 향하여 예수님은 "인자가 온 것은 섬김을 받으려 함이 아니라 도리어 섬기려 하고 자기 목숨을 많은 사람의 대속물로 주려하심이라"(막 10:45)고 말씀해 주셨다. 또한 예수님의 십자가의 길을 가로막는 베드로를 향하여, "누구든지 나를 따라오려거든 자기를 부인하고 자기 십자가를 지고 나를 따를 것이니라"(마 16:24)고 말씀해 주셨다.

어떻게 이러한 예수님의 제자 삼는 방식과 내용을 다 이해하고 따라갈 수 있을까? 그렇기에 무엇보다도 예수님을 따르는 자들은 스승의 말씀에 순종하는 모습이 필요했다. 그것이 제자들의 필요한 덕목이었다. 인생을 내맡기고 따르기로 결정한 스승께 전적인 주권을 드리고 순종하며 나간다면, 예수께서 의도하신 것이 무엇인지를 깨닫고 변화되어 전파할 날이 올 것이기 때문이다. 물론 그렇다고 예수께서 일방적으로 제자들을 이끌어가지는 않으셨다. 충분한 설명을 해주셨지만, 아직 한계가 있는 제자들은 예수님의 방식을 다 이해할 수 없었다. 그러나 이후에 성령이 강림하신 후, 제자들에게 역사하실 때 예수께서 하신 말씀들과 가르침이 새로운 의미로 그들에게 다가왔고 체화되었다.

제자의 성장 - 위임과 감독

예수님의 제자들은 예수님의 가르침과 요구에 순종하면서 변화되어 갔다. 그러나 제자로 성장하는 모습은 예수님의 위임과 감독에 영향을 받았다. 예수님은 세상을 구원하시기 위한 일을 직접 제자들에게 위임시키셨다. 이것은 제자들을 믿지 못한다면, 그리고 혹여나 그들이 잘못하였어도 그것을 고칠 수 있는 능력을 가질 수 없다면 불가능한 일이었다. 실제로 예수님은 제자들을 서로 짝지어 전도 여행을 보내었다. 그들에게 이 일이 얼마나 중요하고 어떻게 실천할 수 있는

지를 경험케 하기 위함이었고, 또한 그들에게 이 일이 위임받은 자신들로 말미암아 가능하다는 것을 경험케 해주기 위함이었다. 예수님의 제자들이 아무리 배우고 결단하고 변화되어 가더라도, 작은 예수가 되어 예수께서 세상에서 하시기 원하는 일들을 해낼 수 없다면 무슨 소용이 있겠는가? 이러한 위임 속에서 제자들은 스스로 자신이 해야 할 일들을 경험하고 그 노하우를 알아가며 성장하였다.

그러나 예수님은 제자들에게 중요한 일의 위임뿐만 아니라, 그 위임한 일들을 감독하심으로써 그들이 깨달아야 할 바를 가르쳐 주셨고, 또 그들의 잘못된 부분들을 지적하시면서 어떻게 해야하는 지도 가르쳐 주셨다. 실제로 많은 지식이 있다고 할지라도, 자신들이 세상에서 예수님을 대신하여 구체적으로 해야 할 일들을 예수님의 감독 아래서 함께 해 본다는 것은 엄청난 경험이고 성장을 가져오는 요소라고 할 수 있다.

제자의 완성 - 영적인 재생산

예수님의 제자도의 마지막 여정은 무엇이라고 할 수 있을까? 무엇이 예수님의 제자도의 마지막 특징이라고 말할 수 있을까? 그것은 영적인 재생산이다. 예수님의 공생애 마지막 여정은 부활하신 후 40일 동안 세상에 계시면서 제자들에게 제자 삼는 사역에 대해서 부탁하신 일이다. 결국 예수님은 제자들을 통하여 하나님 나라의 일들을 행하시며 그 나라를 확장하시고 완성해 가기를 원하셨다. 이것을 위하여 가장 중요한 것이 영적인 재생산이다. 나를 통하여 또 다른 제자를 세워가야 하는 것이다. 이것은 예수님의 유언과도 같은 말씀이셨고 핵심이었다. 예수께서는 자신에게 훈련을 받은 제자들이 이제 충분히 그 일을 감당할 수 있게 되었다고 여기셨다. 이것은 기술과 방법, 그리고 그들이 가지고 있는 지식으로 가능한 것이 아니라, 함께한 시간 속에서 예수님과 맺은 사랑의 관계 안에서 가능하기 때문이다.

물론 제자들이 영적인 재생산을 한다고 하여 더 이상 훈련이 필요 없는 제자로 완성되었다고는 말할 수 없다. 왜냐하면 예수님의 제자들은 예수님의 승천 후에도 여러 사건들을 통하여 예수님의 온전한 제자로 성장해 갔기 때문이다. 그러나 예수님의 제자는 또 다른 사람을 제자로 세워가면서 자신이 예수를 따르는 사람임을 증명해 내는 것이다. 사도행전에 나타난 사건들이 이것을 뒷받침해 준다.

예수님 제자도의 현대적인 의미

이상에서 예수님 제자도의 특징적인 요소들을 살펴보았다. 예수님 제자도의 특징들은 제자도의 중요한 기준이 되고 모형이라고 할 수 있다. 그러나 이러한 특징적인 요소들은 다분히 예수님이 사셨던 '그리스-로마 시대'에 실행된 일인데, 4차 산업혁명과 뉴노멀 시대를 살아가는 우리에게 어떻게 적용할 수 있을지 묻지 않을 수 없다. 결론을 말하자면, 원칙은 중요하다. 그것을 바꿀 수는 없다. 그러나 그 내용 중에서, 현시대에 맞지 않는 예수님 시대의 옷을 입고 있는 특징적 내용들을 어떻게 이 시대에 맞는 옷으로 입혀낼 수 있는가가 중요하다.

먼저 예수님 제자도의 특징 중 '부르심'에 관하여 말하자면, 예수님이 그러하셨듯이, 오늘날에도 복음의 기쁜 소식을 경험하고 온전한 제자로 세워져 가는 그리스도인들이 먼저 제자를 삼기 위해 사람을 찾아가는 것은 중요하다. 우리가 먼저 찾아가지 않으면, 세상은 스스로 먼저 그 생명의 빛을 찾아오기란 어렵고도 어려운 일이기 때문이다. 아직 세상에 어떠한 영향력도 나타내지 않으셨던 예수께서 신적인 권위를 가지고 제자들을 먼저 불러주셨던 것처럼, 복음을 전하고 제자를 삼는 사람들은 하나님의 전권대사와 같다. 예수께서 그 귀한 일을 제자들에게 위임해 주셨기 때문이다. 그렇기에 또 다른 제자를 세워가는 일에 순종하는 우리에게 하나님의 권세가 부여된 점을 인식해야 한다. 이것은 주님이 주신 지상명령에도 언급되어 있다(막 16:15-18절 참조). 예수께서 유대인들만 제자들로 불러주신 부분은 다음과 같이 생각할 수 있다. 즉, 예수님의 십자가 사건 이후, 유대인과 이방인은 하나가 되었기에 더 이상 유대인과 이방인을 구별할 필요가 없다. 그렇기에 십자가 사건 이전에 예수께서 제자들을 선택하실 때 유대인들을 선택하신 모습은 그다지 중요치 않다고 할 수 있다.

하나님을 알지 못하는 세상의 모든 사람이 구원의 대상이며 제자의 대상이다.

둘째, '삶을 나눔'이라는 독특한 교육의 방식을 채택하신 예수님께 주목할 필요가 있다. 오늘날 기독교 공동체에서 제자훈련이라는 프로그램과 형식이 많이 있기는 하지만, 지식의 전달어 그치지 않는가? 생각한다. 지식이 사람을 변화시키는 모든 것이 될 수 없다. 물론 예수님처럼 자신의 삶 전체를 제자에게 투자하여 제자를 세워가기에 어려운 현실이 있는 것도 사실이다. 그렇지만, 지식간 전달하는데 그치지 말고, 소그룹을 통하여 제자가 되기원하는 사람들의 삶을 점검해 주고 삶을 나누며 그들의 삶이 제자의 삶이 될 수 있도록 시간을 투자하고 돕는 일에 힘써야 한다. 흔히 선교단체에서 일정 기간 합숙을 하며 제자훈련을 하는 곳과 일정 기간 교육만으로 제자훈련을 하는 곳의 차이가 이것을 증명한다고 할 수 있다. 일정 기간 합숙을 하며 제자훈련을 하는 곳에서 더 큰 변화가 일어나는 이유가 여기에 있다. 또한 훈련자가 훈련생의 모범이 되고 시범자가 되어주어야 한다는 특징은 그대로 적용될 수 있다. 모범이 되는 훈련자를 통하여 제자가 되려는 훈련생은 직접 배워갈 수 있기 때문이다.

예수님 제자로 변화가 일어나기 위한 '세상과의 구별'도 무척 중요하다. 이것은 각 시대마다 그 시대적 특징이 기독교적 진리와 맞지 않을 때 무엇을 내려놓고 포기해야 하는지를 가르쳐 준다. 물론 공통적으로 적용할 부분도 있다. 예를 들자면, 제자로서 치뤄야 할 비용을 계산한다든지, 기독교적 진리에 순종하는 모습이다. 그러나 세상은 교묘하게 위장하여 세상적인 것과 하나님이 원하시는 것의 구별을 하는데 어려움을 주기도 한다. 그렇기에 그 두가지를 분별할 수 있어야 한다. 또한 사람마다 자라온 환경과 익숙한 환경에서 오는 차이가 무엇인지 구별하여, 하나님께 내려놓고 헌신해야 할 부분들을 내려놓고 헌신하게 할 때, 하나님의 사람으로 변화될 수 있다.

예수께서 제자들에게 보여주신 '위임과 감독의 역할'은 오히려 오늘날에 더 요청되는 부분이 되었다. 전달하는 지식만큼이나 함께함으로써 감독하며 지켜봐 주고 삶을 이끌어 준다는 것이 무엇보다도 필요한 시대가 되었기 때문이다. 또한 완전하지 않더라도, 제자가 제자로서 실천해야 할 부분들을 과감하게 위임하여 그 일을 직접 경험케 하는 일은 너무 중요한 부분이다. 이것이 되지 않으면, 지식적으로 깨닫는 제자들은 만들어져도, 세상을 변화시키며 구원하는 제자들은 세워질 수가 없다. 오늘날 상담과 코칭이 유행하고 있는 이유가 여기에 있다. 외롭고 고독이 깊어져 가는 세상에서 함께 하며 내가 성장해 가야 할 일들을 도와주는 사람이 옆에 있다는 것은 너무 중요하기 때문이다. 예수님은 이미 이 일을 이천 년 전에 실천하셨다.

마지막으로 '영적 재생산'은 오늘날 더 강조해도 지나침이 없다고 사료 된다. 왜냐하면 이 일은 예수께서 제자들을 통하여 궁극적으로 하시기 원하는 일인데, 오늘날에는 '영적 재생산'을 교회 성장을 위한 하나의 방법 정도로만 생각하고, 또한 해도 되고 안 해도 되는 옵

션으로 간주하는 경향이 크기 때문이다. 여기서 분명히 해둘 것이 있다. 예수께서 세상을 구원하기 위한 방법은 제자들을 통한 영적인 재생산의 방법이었다. 제자는 영적인 재생산을 통해서 자신이 제자가 되어감을 증명해 내야 한다. 비록 그것이 더디고 어렵더라도, 임마누엘 되시는 성령의 도우심으로 가능하다. 그래서 예수께서는 "볼지어다 내가 세상 끝날까지 너희와 항상 함께 있으리라"(마 28:20)고 말씀하셨다. 교회의 구성원들이 차고 넘쳐도 제자 삼는 사역에서 이것은 빼놓을 수 없다. 교회의 부흥과 상관없이 제자로 완성되기 위하여 반드시 실천하여야 할 사항이기 때문이다.

제3장

초대교회의 제자도 특징과 현대적 의미

예수님이 승천하시고 초대교회의 시대로 접어들면서 제자도는 시대에 맞게 대상과 운영방식에 있어 차이를 보였다. 예수께서 지상에 계실 때는, 직접 제자들을 불러주시고 그들을 교육하시고 훈련하셨지만, 승천하신 후에는 그것이 불가능하였기 때문이다. 그래서 혹자는 예수께서 택하시고 훈련하신 제자도의 방식은 그 시대에만 한정된 것이고, 예수께서 승천하신 후 초대교회는 교회에 맞는 방식을 채택하였으니, 오늘날 교회는 초대교회의 방식을 따라야 한다고 말한다. 물론 초대교회의 방식을 따른다고 할지라도, 초대교회가 예수님의 방식을 계승하면서 자신들의 방식을 취하고 있다면 문제가 될 것이 없다. 그런데 이러한 생각이 문제가 되는 것은, 첫째 기독교의 핵심인 제자도가 예수님의 시대부터 초대교회 시대로 연결되면서 계승되었다는 점을 잃어버릴 수 있기 때문이다. 그렇게 된다면, 제자도는 교회를 유지하고 성장시키는 하나의 프로그램으로 전락할 수 있다. 둘째, 예수님의 제자도의 핵심이 고스란히 오늘날 교회에 전승될 수 없다는 어려움이 있다. 물론 예수님의 제자도의 내용 중에는 그 시대의 열 둘에게만 적용될 수 있는 사항들이 분명히 있기는 하지만,

그러나 예수님 시대의 제자도의 원리들은 오늘날에도 예수를 따르는 모든 사람에게 적용될 수 있는 모범이 된다.

그렇다면 초대교회의 제자도는 예수님 시대의 제자도와 어떠한 차이가 있을까? 그 차이는 왜 생겨났을까? 초대교회는 어떻게 예수님의 제자도를 계승하면서 공동체적으로 제자도를 운영해 갔을까? 초대교회만의 제자도의 특색은 무엇일까? 오늘날 교회는 초대교회가 강조한 제자도의 핵심을 어떻게 강조하고 계승할 수 있을까? 이런 사항들을 중심으로 초대교회 제자도에 대해 살펴보고자 한다.

예수님 시대와 초대교회의 제자도 환경의 차이

예수님 시대의 제자도와 초대교회의 제자도의 차이는 그 시대가 처한 상황에 기인한다. 즉 예수님 시대에는 예수께서 직접 제자들을 불러주시고 교육하시며 훈련시키셨지만, 초대교회 시대에는 보이는 예수님이 없었다. 이것이 가장 큰 첫 번째 차이였다. 그러므로 오순절 이후 그리스도인들이 교회라는 공동체를 이루었을 때, 어떻게 예수님의 가르침을 계승하고 예수께서 오신 목적을 이룰 수 있는가가 가장 큰 고민이었을 것이다. 그러나 이미 예수께서는 당신이 승천하시기 전, 미래의 그리스도인 공동체를 위하여 준비하시고 가르쳐 주신 것들이 있었다. 그것은 바로 예수님을 대신할 그리스도의 영 '성령'을 보내주시는 것이었고, 예수를 닮은 사도들을 준비시켜 놓으신 것이었다. 사도들은 제자로 훈련을 받았고, 그들 역시 제자였지만, 초대교회 시대에 예수께서 보내신 권위를 가지고 예수를 닮은 자로서 예수님의 가르침을 계승하였고, 공동체의 조직을 구성하고 질서를 세워나갔다.

  다음으로, 예수님 시대에는 제자도가 제자들의 개개인에 초점이 맞추어져 있었다. 물론 열둘의 제자들이 소그룹 형식을 갖추기는 하였지만, 다분히 그 개인들의 성장과 변화에 초점이 맞추어져 있었다. 그러나 초대교회 시대에는 공동체 중심이다. 오순절 이후 그리스도인들이 폭발적으로 늘어나고 그 모든 그리스도인은 그리스도의 몸을 이루어 교회라는 공동체를 탄생시켰다. 이제 제자도는 개인이 아닌 공동체 안에서 운영되어야 할 환경의 변화를 맞이하게 된 것이다. 어떻게 보자면, 이것이 예수께서 궁극적으로 원하시는 모습이었다. 개인에 초점을 두고 개인의 성장과 변화를 통하여 열둘을 세우신 것도, 이들을 통하여 변화될 환경인 교회 공동체에서 예수님의 가르침을 그대로 계승하며 모든 사람들을 예수를 쫓아 예수를 닮아가는 그리스도인으로 만드는 것이 목적이었기 때문이다. 그렇기에 공동체라는 바뀌어진 환경에서 제자도는 더 탄력을 받아 운영될 수 있는 기회를 얻게 되었다고 할 수 있다.

예수님의 제자도와 초대교회 제자도의 연결점

　초대교회 시대가 처한 환경은 예수님이 제자들과 함께 팔레스타인을 걷던 시대의 환경과 비슷하면서도 매우 달랐을 것이다. 그렇다면 예수님의 제자도가 어떻게 자연스럽게 초대교회 시대로 연결될 수 있었을까? 먼저는 제자라는 용어의 의미를 추적해 보면 알 수 있다. 만약 초대교회에서 제자라는 용어를 계승하여 사용하고 있더라도, 그 의미가 예수님 시대의 의미와 상이하다면 초대교회의 제자도는 예수님 시대의 제자도를 계승하고 있다고 할 수 없다. 제자라는 용어는 사용되었을까? 그렇다면 어떻게 사용하였을까?

　먼저, 초대교회의 시작과 발전 상황을 기록한 사도행전에서는 예수님에 대한 신앙 고백하는 사람들을 가리켜서 "믿는 자들", "제자들"(행 2:44, 4:32, 5:14)이라는 표현을 사용하였다. 이것은 사도행전의 저자인 누가가 누가복음에서 제자라는 단어를 예수를 믿는 사람들을 가리키는 것으로 표현한 것과 일치하는 표현이다. 이렇게 볼 때, 제자라는 단어가 계속 사용되고 있다는 것은 예수님의 지상 사역 기간에 그분을 따르던 사람들과 부활 이후 교회에 속한 사람들 사이에 연속성이 유지되고 있음을 보여주는 대목이다.(마이클 윌킨스 [제자도 신학] 참조) 또한 그리스도인이라는 단어가 제자라는 단어와 연결되어 기록되었다는 것은 시사하는 바가 있다. "제자들이 안디옥에서 비로소 그리스도인이라 일컬음을 받게 되었더라"(행 11:26). 여기서 제자는 신자를 지칭하며, '그리스도의 사람들'이라는 의미로 사용되었다. 그래서 이 용어를 통하여 본다면, 제자는 회심하지 않은 이방인뿐 아니라 유대교와도 구별된 의미로 사용되었다는 것을 알 수 있다. 그리스도인이라는 단어가 생기던 때, 예수님의 추종자들을 가리키는 일반적인 용어가 제자들이었으며, 초대교회는 이 단어와 같은 의미로 신자들, 형제/자매들, 그리고 성도들이라는 단어들을 사용하였다.

그러나 초대교회에서 사용된 제자란 용어는 예수님 시대와 차별된 의미도 담고 있다. 사도행전에서 제자라는 단어는 새로운 믿음의 공동체인 교회와 긴밀하게 연합한, 부활 이후의 신자들을 묘사하는데 사용되었기 때문이다. 사도행전에서 이 용어가 맨 처음 사용된 문맥을 보면, 누가는 제자들이 구별되는 믿음의 공동체로 연합되었다는 것을 표시하는데 사용하였다. 사도행전 6장 2절에 보면, "제자들의 회중"으로 함께 모였다고 한다. 여기서 회중은 예루살렘에 있는 신자 단체의 도임을 가리킨다. 즉 교회와 동일한 의미이다. 이렇게 볼 때, 누가는 제자들이 예수님을 그리스도로 믿고 새로운 창조물인 교회에 연합한 사람임을 강조한다. 회심자들의 모임은 교회, 혹은 회중으로 불리고, 교회 내 개인들을 신자들, 형제들, 혹은 제자들이라는 표현이 사용되었다. 그러므로 제자라는 용어가 같은 의미로 여전히 사용되고 있다는 사실은 예수님의 지상 사역 기간에 그분을 따르던 사람들과 부활 이후에 교회에 속한 사람들 사이에 연속성이 유지된다는 것을 분명히 보여주는 것이라 할 수 있다. 그러나 제자의 개념이 사도행전에서 좀 더 확장되는 것은, 예수의 제자에서 예수의 몸에 연합한 교회 공동체의 일원으로서 그 의미가 발전하기 때문이다. 예수님이 시작하신 형태의 제자도의 본질은 교회에서도 계속된다. 그러나 새로운 공동체를 위한 제자도는 예수님이 제자들과 함께 직접 팔레스타인을 걷던 시대의 제자도와는 다른 부분이 있다. 성령과 함께할 것이기에!

초대교회 제자도의 특징

공동체로서 사랑하고 하나 됨

초대교회 제자도의 특징은, 먼저 개인의 변화 중심에서 공동체 중심으로, 그 구성원의 일원으로서 예수님의 제자 됨을 실천하는 것이라 할 수 있다. 개인의 변화가 일어나야 그것이 공동체에 적용하고 실천할 수 있는 것이 분명하지만, 제자도가 개인의 영역에만 머물러 있다면 공동체가 형성되어도 형식뿐인 공동체가 되어 어떠한 영향력도 발휘할 수 없는 공동체가 될 것이다. 초대교회에서는 그리스도인들이 공동체로 모여 그리스도의 몸을 이루게 되었고, 그 몸의 구성원으로서 서로 사랑하고 존중하여 하나가 되어야 할 의무가 있었다. 그것이 그리스도의 몸을 세우는 일이기 때문이다. 예수께서도 그 부분을 강조하셨다. 이렇게 보자면, 오늘날 그리스도인들의 제자 훈련이 훈련받은 자와 받지 않은 자 사이에 차별을 두며 분란을 자초하고 있다면, 그것은 제자도의 본질을 망각한 것이라고 할 수 있다. 하나님은 자기 백성들을 공동체 안으로 부르셨다. 초대교회는 교회의 시대를 열어가며 그것이 곧 그리스도인의 공동체 시대임을 선포한 것이다. 이제 제자도는 변화된 환경에 적응하여, 개인에게서 공동체 중심으로, 서로 사랑하고 헌신하며 예수께서 원하시는 방향으로 나가야 한다.

개인을 믿음의 공동체로부터 분리하는 것은 위험한 일이다. 그렇기에 일대일 제자도를 너무 강조하면 불건전한 독립성으로 나갈 위험이 크다. 우리에게는 세상에서 우리의 제자도를 지원하고 교정해 주는 공동체가 있어야 한다. 우리는 개인주의에 저항하고 다른 사람들과 깊고 공고한 관계를 발전시켜야 한다. 공동체 없이는 그것을 이루어 낼 수가 없다. 개인이 직면한 도전이 너무 커서 혼자서 대처할 수 없을 때, 공동체는 우리가 존재의 가장 어두운 순간을 견딜 수 있도록 용기와 사랑을 공급한다. 예수님은 개개인을 제자로 부르시지만, 그 부르심에 응답한 제자들은 믿음의 공동체인 교회로 모이게 된다. 초대교회는 이것을 감당하게 된 것이다.

성령의 도우심

초대교회 제자도의 가장 중요한 특징이라고 할 수 있는 것 가운데 또 하나가 성령의 역사, 성령의 도우심이다. 예수께서는 지상 사역을 마치고 승천하셨을 때, 성령을 선물로 주셨다. 공동체로서 그리스도의 몸을 구현하고 하나님 나라를 확장해 나가야 하는 그리스도인들에게 성령께서 함께해 주심으로, 예수께서 계셨을 때보다 한계를 넘어 더 큰 일을 감당할 할 수 있도록 해주신 것이다. 성령은 시공간을 초월하여 모든 그리스도인과 함께 할 수 있기 때문이다. 예수께서 선물로 주신 성령 때문에, 초대교회는 모진 박해도 이겨낼 수 있었으며, 성령과 함께함으로 예수님의 제자로 더 빨리 성장해 갈 수 있는 기회를 얻게 되었다. 또한 성령의 도우심으로 복음을 전파하며 많은 사람들이 반응하여 주께로 돌아와 제자의 숫자가 급격히 늘어나게 되었으며, 성령의 역사로 말미암아 하나님의 살아계심을 이방 세계에 보여주며 그 확실한 능력을 경험할 수 있는 계기도 얻게 되었다. 또한 예수께서 가르침을 받았던 교육의 내용들이 성령의 도우심으로 내면화되어 이제는 제자들 스스로의 확신과 자산으로 남게 된 것은 제자의 삶에 가장 큰 선물이라고 할 수 있다. 확신은 사람으로 하여금 옳다고 생각한 것을 어떠한 상황에서도 굴하지 않도록 만들어주는 힘을 부여하며 이끌어가는 동력이 되기 때문이다. 또한 제자들로 하여금 서로 사랑하여 그리스도의 몸을 하나로 되게 만들어주는 역할을 감당하기도 한다. 성령이 없이는 초대교회의 제자도를 말할 수 없다. 그러므로 예수님 시대의 제자들이 경험하지 못한 더 큰 선물이 성령이라고 할 수 있다.

예수님 가르침의 실천

　예수님의 가르침은 새로운 공동체의 제자도 생활에 기초가 된다. 또한 제자도를 실천하는 삶에서 성장의 중심은, 예수님이 지상 사역 동안 제자들에게 명한 모든 것에 순종함을 통해 이루어진다. 이렇게 볼 때, 결국 교회는 예수님의 가르침이 실현될 장으로서 중요한 역할을 감당하게 된다. 개인으로서 이루어 내지 못할 부분을 교회가 감당하며 실현할 수 있도록 돕는다. 그러므로 공동체 안에서 예수님 가르침을 본격적으로 실천하는 것은 초대교회 제자도의 중요한 특징중에 하나가 되었다. 아니, 예수님의 가르침을 본격적으로 실천한 것은 초대교회 시대부터 시작되었다고 해도 과언이 아닐 것이다. 그 이전에는 배우고 교육받는 데 집중되어 있었기 때문이다. 이때, 사도들은 예수님의 교훈을 전수함에 있어서 지도적인 역할을 수행하였다. "사도들이 가르침에 전념하였다"(행 2:42)는 표현은 사도들에게 주어진 예수님의 교훈이 교회의 새로운 제자들에게 어떻게 전수되었는가를 보여준다. 사도들은 가르치면서 스스로 그것을 실천하며 제자들의 본이 되었다. 사도들 역시 제자였기 때문이다. 제자가 된 사람들은 예수님이 지상 사역에서 명하신 모든 것을 배우고 준수해야 한다. 그래서 제자들은 사도들을 모범으로 예수님의 가르침을 실천하기 위해 노력하였고, 제자로서 성장된 삶을 살아가기 위해 노력하였다.

기쁜 소식의 증인이 됨

　성령이 임하심으로 예수 그리스도의 복음을 증거하는 것이 초대교회의 가장 분명한 목표가 되었다. 우리는 성경에서 사도행전을 읽으며, 예루살렘과 유대인 속에서, 사마리아인 속에서, 이방인 속에서 이루어지는 전도사역을 추적할 수 있다. 이것은 예수께서 제자들에게 부탁하신 지상명령의 연속이라는 점에서 예수님 시대와 초대교회 시대를 연결하는 역할도 감당하지만, 초대교회에 와서야 제자들이 예수께서 부탁하신 대로 직접 나가서 복음을 전하는 일을 효율적으로 감당하게 되었다. 예수님 시대 제자들은 직접 전도하며 하나님 나라를 확장하는 실천을 본격적으로 해보지 못하였다. 예수께서도 제자들에게 약속한 것, 즉 성령이 임하시기 전에는 나가지 말라고 명하셨을 정도였다. 다만 둘씩 짝을 지어 전도 여행을 보내기는 하셨어도, 그것은 앞으로 할 사역의 모형이라고 할 수 있을 것이다. 그렇기에 복음 전도는 초대교회의 제자도의 큰 특징중에 하나라고 할 수 있다. 그것은 이미 언급하였지만, 성령의 강림으로 가능하게 되었다. 이러한 복음 전도를 통하여 제자들은 사람들을 또 다른 제자로 초청할 수 있게 되었고, 하나님 나라의 백성으로서 정체성을 부여하며 확장시켜 나갈 수 있었다. 이제 세상을 구원할 수 있는 문이 열리게 된 것이다. 초대교회는 성령의 능력으로 예수님을 증거하는 자신들의 사명에 충실하였다. 이것은 복음서에서 복음 전파를 위한 그들의 준비, 지상명령, 그리고 예수님의 승천 이전의 당부를 연결하여 성취하는 중요한 활동이다.

예수님의 재림을 소망 삼음

　예수님이 떠나시면서 약속하신 성령의 강림은 제자들을 변화시키고 예수님의 가르침을 내면화시켰다. 이것이 새 창조의 시작이다. 내주하시는 성령에 의하여 인간의 내면에서 구현되는 하나님 자신의 생명 때문에 일어나는 일이다. 그러므로 예수님의 생명이 제자들의 삶 속에서 보이지 않는다면, 이는 그들이 예수님을 자신의 주님으로 삼지 않았기 때문이다. 성령을 통하여 경험한 예수님의 생명은 제자들에게 다시 오실 예수님의 약속을 부여잡을 수 있는 소망으로 자리 잡았다. 예수님이 제자들을 위하여 돌아오시겠다고 약속하신 사실은, 무덤에 있던 두 천사도 재천명해 주었다. 그러므로 예수님의 부재는 성령의 강림으로 예수님의 새 창조를 경험하는 기회가 되었고, 이것은 다시 예수님의 재림에 대한 소망으로 연결되어 소망가운데 재림의 예수님을 기다릴 수 있도록 해주었다. 초대교회는 성찬을 통하여 예수님의 죽으심의 의미를 되새기고, 다시 오실 예수님을 기다리며 예수님을 닮아가는 제자도를 실천하였다. 이러한 소망은 제자들로 하여금 세상을 본받지 않고 예수의 제자로서 정체성을 가지고 살아가는데 큰 동력이 되었다.

초대교회 예배와 제자도

초대교회의 예배를 보면, 그 안에 제자도의 특성이 나타나기도 한다. 실제로 예배라는 것은 초대교회가 시작되면서 시작된 것이기에 초대교회의 특징이라고 할 수 있다. 먼저 그들은 세례 예식을 통하여 예수 그리스도 제자의 입문 과정을 철저히 하였다. 아무리 핍박이 극심하다고 할지라도, 세례를 통하여 예수 그리스도와 연합됨을 증명하고 교회 공동체 안으로 받아들였다. 이것은 교회 공동체를 보호하기 위한 방식도 되었다. 왜냐하면, 신앙에 있어서 입장이 분명한 사람이라야 공동체를 배신하지도 않을뿐더러, 제자로서의 결심을 확신할 수 있기 때문이다. 이때 세례라는 것은, 자신의 목숨을 담보한 것이라고 할 수 있다. 예수를 믿는 것이 발견되면 핍박이 온다는 것을 알고 있기 때문이다. 이러한 면에서 보자면, 초대교회 제자도는 시작부터 더 철저한 검증을 거쳤다고 할 수 있다. 또한 성찬을 통하여 주님을 기념하고 다시 오실 예수 그리스도를 소망하였다. 이 성찬의 기능은 그들이 함께 식사하는 의미도 되어 공동체를 하나로 묶어주는 역할도 감당하였다. 이제 예수님 시대보다, 더 예수님을 기대하고 그 가르침이 완성될 것을 소망하며 예수님을 기다리는 초대교회가 된 것이다. 또한 사도들의 가르침을 통하여 예수의 가르침이 체계적으로 전수되었고, 제자들로 하여금 일관성 있는 교회의 제자가 될 수 있도록 만들어 주었다.

초대교회 제자도의 현대적인 의미

　이상에서 초대교회 제자도의 특징과 주된 내용을 살펴보았다. 예수님 시대에서 초대교회 시대로 넘어가면서 드디어 오늘날과 같은 교회 공동체를 중심으로 제자도가 펼쳐져 가는 모습을 볼 수 있었다. 그렇기에 초대교회 제자도에서 오늘날 현대 교회가 본받고 회복해야 할 도습들이 있다는 것을 발견한다. 먼저, 공동체 중심의 제자도의 모습을 눈여겨보아야 한다. 예수님이 제자들을 떠나 아버지께로 가시면서 제자들의 응집력이 와해 될 수 있었다. 또한 제자들의 개인주의가 그들만의 하나 됨을 무너뜨릴 수도 있었다. 그런데 초대교회 시대로 넘어가면서 그와 반대되는 일이 일어났다. 제자들의 숫자는 크게 늘어났고, 그들은 이전보다 더 하나가 되었고 결집되었으며, 그리스도의 몸으로서 공동체가 되었다. 열두 제자들이 예수님을 따를 때는, 그들 안에 공동체가 싹트고 있었지만, 공동체로 움직이지는 않았다. 그들은 특별히 서로를 향하여 헌신할 필요가 없었고, 긴밀하게 연계할 필요도 없었다. 오히려 그들은 자주 각자의 개성 때문에 관계가 어려워지기도 하였다. 그것을 예수님이 개입하셔서서 함께해 주심으로 하나로 묶어 주셨다. 그러나 예수님은 떠나셨다. 그런데 오히려 성령의 강림하심으로 말미암아 제자들은 예수님의 가르치심대로 서로를 사랑하고 공동체를 위해서 헌신할 수 있는 동력을 얻게 된 것이다. 성령 안에서 예수님의 가르침을 실천할 수 있는 장이 마련된 것이다. 이것이 초대교회 제자도에서 가장 중요한 특징이다.

이렇게 보자면, 초대교회 시대가 시작되며 제자들은 본격적으로 예수님의 가르침을 실천하며 예수님을 온전히 닮아가는 진정한 제자의 길을 걸을 수 있었다. 오늘날 교회는 이러한 초대교회 제자도의 모습을 다시 회복하고 강화해야 한다. 다른 방법과 프로그램으로 사랑의 실천이나 헌신을 강요하지 말고, 제자도의 초점을 맞추어 성령을 의지하며 예수님의 가르침을 실천하는 방향에서 사랑이 실천되어야 한다. 이것이 교회의 핵심 구조이기 때문이다. 개인의 변화가 우선적이기는 하지만, 제자도가 개인 중심으로 흘러간다면, 제자도와 제자 훈련은 기독교 엘리트주의로 변질될 우려가 다분하다. 이것은 제자도의 본질이 무엇인지를 제대로 알지 못하여 생겨난 일이다. 이렇게 볼 때, 초대교회의 공동체 중심의 제자도는 오늘날 현대 교회에 시사하는 바가 크다.

다음으로, 초대교회 공동체는 예수님의 지상명령대로 복음을 전파하면서 하나님 나라 확장과 예수께서 이 땅에 오신 목적을 성취하여 나갔던 점을 주목해야 한다. 예수께서 제자들에게 지상명령을 주신 것은, 당신이 이 땅에 오신 목적을 훈련된 제자들을 통하여 성취하기 위함이기도 하였지만, 그 일을 통하여 제자들이 작은 예수의 역할을 감당하며 예수님을 온전히 닮아가기를 희망하셨기 때문이라고 할 수 있다. 제자들은 삶의 현장에서 예수님의 가르침을 실천하면서 예수님의 마음을 더 깊이 알아갔을 것이고, 더 깊게 이해할 수 있었을 것이다. 이것을 가능하게 한 것도 성령의 도우심이었다. 그렇기에 오순절 성령의 강림 이후, 초대교회는 지속적인 복음 전파로 하나님 나라를 확장함과 동시에 세상의 어느 공동체와도 구별되는 그리스도인의 공동체를 형성하며 영향력을 펼쳐 나갈 수 있었다. 오늘날 교회는 초대교회의 이러한 제자도의 내용을 회복하고 강화하여야 한다. 복음 전도는 교회를 부흥시키고 성장시키기 위하여 실천하는 것이 아니다. 예수님 지상명령의 실천이고 예수님을 닮아가는 일이다. 그리고 교회 공동체가 세상과 구별된 정체성을 확립하고 유지하는 데 기여하는 핵심 사항이다. 교회가 아무리 힘들다고 하여도 복음 전도를 중단해서는 안된다. 그것은 예수를 닮는 일을 중단하는 일이고, 제자도를 포기하는 일일 수 있기 때문이다.

마지막으로, 초대교회는 예수가 계시지 않는 환경에서 예수를 따라가기 위하여 그들 스스로 예배의 형식 안에서 중요한 내용을 제도화하였다. 먼저 성찬을 예배에 제도화 함으로, 예배를 드릴 때마다 예수님의 죽으심을 기리고 그 의미를 되새기며, 예수께서 말씀하신 것들을 지켜나가기 위하여 노력하였다. 이 모습 자체가 예수를 닮아가기 위한 제자도의 핵심 내용이 된다. 또한 성찬을 통하여 예수님의 몸을 함께 나누는 형제자매들이 한 형제요 자매임을 다시 한번 되새기며 하나 됨을 강화하였다. 또한 세례를 제도화하여 기독교의 입문, 즉 제자의 길에 입문하는 자들을 철저하게 관리하였다. 초대교회의 제자들은 이미 그 길을 들어서며 죽음을 각오한 자들이었다. 이러한 초대교회의 모습들이 현대 교회에 회복되고 강화된다면 교회는 생명력이 있는 공동체로 변화될 것이며, 세상에 영향력 있는 단체로 자리 잡을 수 있을 것이다. 제자도가 기독교의 핵심이다. 그러므로 제자도의 관점에서 교회의 제도화된 프로그램을 조명하고 정립할 수 있다면, 매번의 예배와 프로그램을 통하여 예수님을 닮아가는 제자들, 세상이 감당하지 못하는 제자들이 일어날 것을 확신한다.

제4장

교부 시대의 제자도와 현대적 의미

사도들이 사라진 교회는 어떻게 제자도를 계승할 수 있었을까? 예수께서도 승천하셨고, 그 자리를 대신하던 사도들도 세상을 떠났으며, 더구나 교회를 향한 핍박과 박해는 최고에 이르러 여차하면 교회의 존립마저 어렵게 보이는 시대, 이제 교회는, 어떻게 예수를 닮아갈 수 있는 제자도를 계승하여 그 시대에 맞게 운영할 수 있었을까? 제자도가 계승되었다면, 그 시대의 제자도는 어떠한 특징을 가지고 있었을까? 예수님도, 그를 닮은 사도들도 사라진 가운데 누구를 모범으로 예수를 닮아갈 수 있었을까? 제자도에 관심이 있는 사람이라면 사도들이 사라진 교회를 향하여 이와 같은 질문을 던질 수 있을 것이다. 교부들! 바로 이 단어가 위의 질문들에 대한 간략한 답이 될 수 있을 것이다. 교부들 때문에 제자도가 계승될 수 있었고, 신학적 이론들이 정립되기 시작하였으며, 신앙교육도 자리를 잡아갈 수 있었다. 물론 교부 시대는 기독교 핍박의 시대와 로마의 기독교 국교화로 인한 국가교회 시대를 포함하기에 한 마디로 특징을 이야기하기는 어렵지만, 제자도와 관련하여서는 특징적인 모습이 있었다. 바로 죽기까지 예수님을 닮으려는 모습들이 나타났기 때문이다. 실제로 예수님처럼 자신의 목숨을 바쳐 순교함으로 예수님을 닮으려는 교부들이 제자도 계승의 큰 몫을 차지하였고, 기독교 국가 시대에도, 세속화된 기독교를 바로 세우려는 사막 교부들을 중심으로 백색 순교가 제자도의 정신을 올바르게 계승할 수 있도록 만들어 주었다.

교부 시대 교회가 처한 환경과 제자도

교부들이란 대부분이 사도들의 직계 제자로서, 사도들의 뒤를 이어 교회의 건설과 진리의 체계화에 큰 역할을 담당한 사람으로서 후세에 권위를 떨친 인물들이다. 특히 교부의 자격 중 중요한 것은 그들이 교리에 정통성을 지녀야 했기에, 사상이 순수하지 못하거나 정통적이지 않으면 교부로 인정하지 않았다. 첫 교부는 1세기 말에 활동한 로마의 클레멘스를 언급할 수 있으며, 마지막 교부로는 동방교회에서는 다메섹의 요한(725년 사망)을, 서방교회에서는 그레고리 1세(604년 사망)를 꼽을 수 있다. 시대적으로 구분할 때는 초창기(100년~300년), 황금기(전성기: 300년~450년), 쇠퇴기(450년~700년)로 교부 시대를 구분한다. 초창기는 니케아 공의회 이전 시대를 말하며 이 시기는 속사도 교부들이 활동하였다. 또한 여러 신학의 창시자들이 나타났다. 황금기는 4대 공의회(니케아, 콘스탄티노플, 에베소, 칼케돈)와 긴밀하게 연관되어 있으며 이단들로부터 교회의 신앙을 보호하기 위해 신학이 발전되었다. 쇠퇴기는, 칼케돈 공의회 이후 시대를 말하는데 독

창적인 작품들이 나오지 않고 옛 교부들의 저서들을 정리하여 펴낸 시대를 말한다. 이때 사막 교부들이 나타나 은둔생활을 통하여 교회의 세속화에 맞서 갱신을 주도하였으며, 제자도의 정신을 이어갔다. 이밖에 교부들이 살고 있는 지역과 사용한 언어에 따라 동서양을 나누고, 그리스 교부, 라틴 교부, 동방 교부로 구분하기도 한다.

교부 시대에 교회가 처한 상황과 환경을 말하자면, 초기 교부 시대에는 기독교에 대한 핍박이 극심하였고 이단과 핍박자들의 공격이 포화를 퍼붓던 시대였다. 초기 교부 시대를 속사도 교부 시대라 호칭하기도 하는데, 이 시기는 기독교의 박해가 심각할 정도로 극심하였다. 특별히 네로 황제 때에는 잔혹한 방법을 다하여 기독교인을 박해하였다. "기독교인에게 야수의 가죽을 뒤집어씌워 개들에게 찢겨 죽게 하거나, 십자가에 못 박고, 혹은 날이 어두워질 때 밤을 밝히는 횃불로 사용되어 불에 타죽었다"(이대섭, [초기 기독교의 역사적 배경] 참조) 그러다가 기독교 국가가 된 시기, 교회는 누구나 그리스도인이라고 자칭하는 시대에 진정한 새 신자들을 잃어버렸고, 역동감 있는 생명 있는 신앙의 모습을 잃어갔다. 이때 교부들은 사막을 택하여 세속화된 교회에 저항하며 갱신을 추구하였다. 교회를 향한 박해의 시기와 세속화의 시기는 물리적 상황은 정반대였지만, 참된 그리스도인들에게 주는 위협적인 도전이라는 점에서는 같았다. 세상은 빛보다는 어두움을 사랑했기에 교회는 더 큰 위기에 처하게 된 것이다. 교회의 박해 시기에 교부들은 교회와 신앙을 지켜 내며 예수를 온전히 따르기 위하여 순교로 응답했다면, 교회의 세속화 시기에 사막 교부들은 금욕적인 사막 수도 생활로 순교의 정신을 이어가며, 제자도의 가치를 계승한 것이다. 이렇게 볼 때, 그리스도인들의 순수한 신앙과 핵심 가치인 제자도를 무너뜨리려 하는 공격이라는 점에서 기독교에 대한 박해와 세속화는 같은 위협이라고 할 수 있을 것이다. 이때 속사도 교부들은 실질적인 순교를 통하여, 그리고 사막 교부들은 사막의 수도 생활을 통하여 마음의 변화를 추구하였고, 그리스도를 닮아 연합을 추구하고자 하였다.

교부 시대 제자도의 특징 -'순교'

초기 교부 시대의 잔인한 박해와 고난은 그리스도인들을 무너뜨리려는 위협이 되었지만, 교부들을 앞세운 참된 예수 그리스도의 제자들은 이러한 박해 시대에 예수 그리스도를 향한 그들의 변함 없는 충성과 사랑을 고백하였다. 그 사랑과 충성의 마지막은 '순교'였다. 예수를 닮기를 원하여 고난과 박해를 두려워하지 않고 죽음까지 본받아 간 것이다. 설령 죽을지라도, 신앙의 정통성을, 제자로서의 중요한 삶의 자세를 타협하지 않았고 놓치지 않았다. 교부 시대 교부들이 박해의 두려움을 무릎 쓰고 순교할 수 있었던 것은 사도들로부터 전승되어온 제자도의 투철한 정신이 중심에 자리 잡고 있었기 때문이었다. 그 당시 순교는, 신앙을 지키다가 죽는 것보다 더 큰 의미가 있었다. 교부 시대 그리스도인들은 순교를 통하여 더 적극적으로 예수 그리스도에게 이르고자 하였기 때문이다. 그들에게 순교는 그리스도와의 완전한 연합을 의미하는 것이었고, 온전히 그리스도를 따르는 것이었다. 순교는 완전한 사랑의 희생, 그리스도가 우리를 위하여 자신을 내어 주신 것처럼 자신을 그리스도께 완전히 내어 주는 것이었다. 그러므로 순교를 통하여 그리스도와 완전히 연합된다고 믿었고, 그것을 십자가에 달리신 그리스도를 온전히 따르는 것으로 이해했다. 터툴리안은 "오직 순교자들만이 죽은 후에 즉시 하나님과 연합된다"고 말할 정도였다. 교부들 가운데 제자도와 관련하여 가장 많은 언급을 하였으며, 제자도의 발전에 기여를 한 이그나티우스의 사례에서 이러한 예를 찾아볼 수 있다.

안디옥의 신실한 교부였던 이그나티우스는 황제 트라야누스가 이교신들에게 제사를 드리라는 명령을 거부하고, 순교로서 예수 그리스도에 대한 믿음을 지켰다. "준비되어 있는 맹수들이 저에게 도움이 되기를 빕니다… 맹수들이 저를 빨리 삼켜버리도록 제가 유인하겠습니다… 불이나 십자가, 또는 맹수들의 무리, 뼈를 비틀고 사지를 찢는 것, 온몸을 짓이기는 것, 악한 자의 잔인한 형벌, 이 모든 것이 저에게 오도록 내버려 두십시오. 그렇게 함으로써만 제가 예수 그리스도를 만날 수 있습니다."(이냐시오스, [일곱 편지] 참조) 이 글을 보면, 이그나티우스는 순교를 두려워하기보다 순교를 통하여 믿음을 지키기를 원하였고, 또한 순교를 통하여 온전히 예수님과 연합하여 예수님을 만날 수 있다고 믿었던 것처럼 보인다. 결국 순교는 제자도의 완성이라고 믿었던 것 같다.

  교부 시대를 통틀어 기독교의 박해가 있었던 것은 아니었고, 4세기에 들어서서는 기독교가 국교화되어 교회는 세속화되고 영성도 시들어지는 것처럼 보였다. 그러나 초대교회 사도들의 전통을 계승하여 예수 그리스도의 제자로서 살고자 하는 이들이, 사막을 선택하여 사막 교부로서 활동하며 제자도의 정신을 이어갔다. 사막 교부들은 비록 피의 순교는 아니지만, 삶의 순교를 실천함으로 '백색 순교'라 불리는 제자의 삶을 살았다. 이러한 교부들의 백색 순교는 교회 생명의 터전이 되었다. 사막 교부들은, 그 시대의 그리스도인들이 그러했듯이, 예수 그리스도의 재림을 기다리고 있었기에, 많은 잠을 자지 않았고, 하나님께 귀를 기울이는 훈련을 하며 내면의 소리에 귀 기울이고 많은 말을 하지 않았다. 또한 하나님의 말씀을 귀중히 여겨 읽고 묵상하였으며, 금식을 주로 하였다. 그들은 변화와 성숙을 위하여 의식주와 관련된 삶의 전 영역에서 훈련을 통하여 예수님을 닮아가려 하였다.(Benedicta Ward, [사막 교부들의 금언] 참조) 또한 사막 교부들은 내적으로 끊임없는 기도를 통하여 하나님과 교제하려 하였다. 그들이 사막을 택하였던 이유도, 세속 사회를 떠나 조용히 하나님과 기도하려 하였기 때문이었다. 그들은 순종과 겸손과 사랑이라는 덕목을 중시하여 훈련하며 예수를 닮아가려 하였다. 특별히 그들은 자신들의 변화를 통하여 세상으로 나아가 제자들에게 자신의 삶을 나누어 또 다른 제자를 만들어 내려고 노력하였다. 백색 순교를 통하여 얻은 자신의 변화를 자신에게만 머무르게 하지 않고, 예수님의 지상명령처럼, 형제와 세상으로 나아가 전하고 실천하여 또 다른 제자를 만들어 내는 데 최선을 다한 것이다.

교부 시대 제자도의 발전

제자도의 핵심은 예수님을 닮아가는 데 있다. 그런데 교회가 처한 환경이 극심한 박해와 핍박 가운데 처했을 때, 그리스도인들은 예수께서 십자가에서 온전히 죽은 것처럼, 죽는 것까지 예수님을 닮아가려 하였다. 그리고 이러한 모습은 그리스도인들로 하여금 순교가 예수님을 닮아 연합하는 마지막 단계라고 생각하게 만들었다. 순교를 통하여 예수를 온전히 닮아간 주변의 그리스도인을 볼 때마다, 그리스도인들은 그 순교를 하나님을 향한 최고의 영광으로, 순종으로, 또한 사랑을 실천하는 것으로 간주하였다. 이러한 상황이 지속되다 보니 제자도에도 발전의 모습이 생겼다. 핍박의 시대에 예수님을 따르는 것만으로도 예수님의 제자라고 불려지기에 충분하였지만, 교부들은 핍박을 받고 박해를 경험하는 것만으로는 온전한 제자라고 생각하지 않았다. 이러한 자들 역시 제자라고 충분히 불려질 수 있었지만, 온전한 제자는 순교로서 예수님과 온전히 연합한 자라고 생각하게 된 것이다. 이것은 제자도의 발전이었다기보다는, 제자도에 있어서 발전단계를 구분하여 생각하게 되었고, 순교를 그 마지막에 놓아 순교로서 온전한 예수님의 제자가 되는 것을 추구하게 만들었다.

 이러한 제자도의 발전의 단계는 앞에서 소개한 이그나티우스의 글에서도 확인할 수 있다. 이그나티우스는 회심을 통하여 예수님을 따르기로 한 자들을 제자라고 부르지만, 신자, 성도라는 단어와 함께 사용하였다. 그러나 자신이 순교에 점점 가까이 다가서면서, 마침내 자신이 제자가 되는 것으로 이해하였다. 이것은 기독교인의 삶으로서의 제자도와, 그것이 발전하여 정점에 이른 제자도의 차이를 설명하는 것으로 보여진다. 제자도는 하나의 정적인 이론이 아니다. 예수님을 닮아가겠다는 목표를 향하여 성장하고 발전하는 것이기 때문이다. 이것은 이미 예수께서도 언급하신 것이다. 꼭 순교를 지칭한 것은 아니지만, 제자가 되려고 하는 자들은 비용을 계산하고 예측하여 예수를 따라야 한다는 것이다. 어떠한 비용이 들지, 그 비용을 치르더라도 예수님을 따를 가치가 있는 것인지는 미리 계산하고 따르라는 것이다. 그 비용이 교부 시대에 와서는 순교로 여겨지게 된 것뿐이다. 현재의 삶에서 제자의 삶을 살고 있는 자들은 이미 비용을 지불하고 제자가 되었고 제자의 삶을 살고 있지만, 더 온전한 제자를 위하여 더 큰 비용도 치룰 수 있는 준비를 하고 달려가야 한다는 것이다. 그러므로 이렇게 발전하는 제자도 안에서 제자는 더 온전한 제자를 추구하며 달려갈 수 있는 기반이 놓이게 된 것이었다. 그리고 그것은 가능하다면 죽음으로서 예수를 온전히 본받는 것을 의미하였다. 실제로 교부 시대에는 예수님 시대의 제자도에서 언급하였던 단어들이 복합적으로 사용되었다. 즉, 제자, 배우는 자, 따르는 자, 형제/자매, 그리스도인, 성도, 본받는 자, 모범 등… 그러나 이러한 단어들은 다양한 제자들을 지칭하기 위함이 아니라, 제자도의 발전단계를 설명하기 위한 용어들로 보인다. 회심을 통하여 예수님을 따르려고 출발하였을지라도, 그들의 삶이 각자 다르며, 그 다른 삶에서 그들이 예수를 따르는 방식이 다양하였기 때문이다. 그러나 그리스도인의 삶으로서의 제자도는 예수님을 온전히 닮으려는 발전적인 노력과 그 시대에 주어진 환경과 어우러져, 죽음까지 예수님을 닮아 온전히 예수와 연합하는 최고의 단계를 추구하게 되었고, 교부들은 그제서야 예수님의 제자가 된다는 표현을 사용하였다.

백색 순교에서 볼 수 있는 제자도의 발전

후기 교부 시대 사막 교부들의 백색 순교에서도 제자도의 발전을 볼 수 있다. 속사도 교부들은 그들의 목숨을 예수 그리스도를 위하여 기꺼이 드림으로 예수님을 온전히 닮아가는 정점을 찍었다면, 사막 교부들은 삶의 순교라고 할 수 있는 그들의 삶을 통하여 예수 그리스도와 연합하는 또 다른 모습을 보여주었다. 그것은 자신들이 먼저 변화되어 제자가 되고, 거기에 끝낸 것이 아니라, 또 다른 제자를 만들어 내며 제자도를 완성해 나갔다. 사막 교부들은 세속화된 교회와 분열된 세상에 세 차례의 단계적인 삶으로써 제자의 삶을 계승하려 하였다. 그것은 먼저 세상으로부터 사막으로 향하는 '물러남'을 택하였는데, 이것은 도피가 아닌 정화를 위해서였다. 다음으로, 이것을 통하여 그들은 스스로와 싸우며 육체와 마음을 훈련하는 '수련과 변화'의 단계를 거쳤으며, 이 과정에서 끊임없이 예수 그리스도를 기억하고 일치하려는 수련의 시간을 가졌고 그리스도를 닮아가는 존재적인 변화를 경험하였다. 그리고 마지막으로 그들은 자신의 구원과 제자화에 만족하지 않고 세상으로 '나아감'을 실천하였다. 이들은 서로를 방문하여 그들의 훈련과정을 나누고 전달하였으며, 교부들을 찾는 수도자들을 가르쳤다. 또한 나그네와 방문객들을 환대하였다. 이들로 인하여 초대교회 사도들의 전통에 서 있던 제자도가 중요한 가치를 보전할 수 있었고, 신앙 선배들의 중요한 전통을 계승할 수 있었다. 사막 교부들의 삶은 피의 순교는 아니었지만, 백색 순교로서 교부 시대 제자도의 정신을 계승하는 중요한 계승자의 역할을 감당하였다(김재형, "사막 교부들의 세 단계 영성" 장신대 논문 참조)

자신의 내면적인 변화를 위하여 세상에서 사막으로 물러남도 매우 중요한 제자도의 정신이다. 예수님처럼 세상을 내려놓고 하나님과의 관계를 추구하기 위하여 인간적으로는 더 고통스러운 장소를 선택하였기 때문이다. 그러나 그것에 만족하지 않고, 사막에서 하나님과의 관계를 통하여 내면의 변화를 경험하고자 부단한 수련의 시간을 가졌다. 이것이 자기를 포기하는 과정이고 비용을 계산하여 치루는 시간이기에 제자도에서 중요한 부분이라고 할 수 있다. 예수님을 닮아가기 위하여 철저하게 자신을 내려놓고 예수님으로 채우는 시간이라고 할 수 있다. 실제로 제자도에서 중요한 것 가운데 하나가 '탈교육(Unlearning)'과 '재교육(Relearning)'이다. 예수님을 따르며 닮기 위해서는 그동안 학습되었던 것들을 벗어 탈피하고, 그 비어진 곳에 예수님의 것으로 채워져야 하기 때문이다. 사막 교부들은 제자도에 있어서 이러한 중요한 요소들을 실제로 경험하며 제자도를 단계적으로 발전시켜 나간 것이다.

교부 시대의 교육과 제자도

교부 시대에는 이론적인 신학이 정립되고 활성화된 시기이기도 하였다. 더불어 신학과 신앙 교육이 자리를 잡고 이루어지기도 하였다. 이 시기에 성경의 편집과 사도신경이 형성되어 신앙교육에 중요한 전환점이 되었다. 특별히 이방인들과 유대인들이 함께 한 교회라는 공동체에 신앙을 교육하고 신앙의 핵심을 전수하는 일은 무엇보다도 중요한 것이었다. 교부 시대의 기독교 교육의 기반이 되었던 것은 예비학교(Catechumenal School)였다. 이 학교에서 속사도 교부들은 십자가에 못 박히고 부활하신 예수님이 메시아라고 가르쳐 신앙의 핵심을 전수하는 역할을 감당하였다. 교육의 방식은 학교의 이름에 잘 나타나 있는데, 'Catechism'과 'Catechumens'라는 단어는 '훈련하다'라는 의미를 가진 헬라어에서 온 것으로서 문자적으로는 '귀에 반복적으로 들려준다'는 뜻이다. 이것을 제자도에 적용하자면, 기독교의 핵심된 진리를 귀에 반복적으로 들려줌으로서 그 말을 마음에 새기게 하였으며, 그리스도인으로서 준비될 수 있는 기반을 만들었다고 볼 수 있다. 비록 이 교육이 제자도만을 위한 것은 아니었을지라도, 예비교육은 교부 시대 제자도의 중요한 교육의 한 방식이었다고 할 수 있다. 이 학교는 2-3년 간 수학하였고, 초급반에 있는 자들은 세례를 받을 준비를 하는 자들이었는데, 이때 이들은 '회개에 대하여', '세례에 대하여', '기도에 대하여' 집중적으로 교육을 받았다. 체계화 되지 않은 시대에 이방인들이나 유대인들이 한두 번 들었던 신앙의 핵심 내용들과 제자도에 관한 내용이, 이제는 체계를 잡아 2-3년 간 지속적으로 교육을 받았다고 하는 점에서 교육의 양과 그 질을 가늠할 수 있을 것이다.

교부 시대 제자도의 현대적 의미

어디까지 닮아갈 것인가?

예수님으로부터 시작된 제자도는 사도들이 중심이 된 초대교회 시대를 거쳐, 드디어 예수님도 사도들도 없는 황량한 세상 속에서 홀로 남아 그 생명력을 가늠하게 되었다. 일반적인 관점에서 볼 때, 모범이 사라진 세상 속에서 더구나 핍박과 박해가 드심해질 때, 기독교 신앙의 핵심 가치는 무너질 수 있는 위기의 상황이라고 인지할 것이다. 하지만 하나님의 방법은 인간이 생각할 수 없는 지혜 속에서 그 핵심 가치를 계승하게 하셨다. 그것은 바로 '순교'였다. 하나 밖에 없는 목숨이라, 그래서 더 소중하고 타협할 성질의 것이 아니지만, 그리스도인들은 예수를 따르는 신앙의 길을 온전히 성취하고자 자신의 목숨을 아깝게 여기지 않았고, 오히려 순교를 하나님을 향한 영광과 순종과 충성의 표시로 생각하고 올려드렸다. 제자의 길이 좁은 길이고 고난과 역경이 있는 길이라는 것은 알고 있었지만, 그리고 회심할 때부터 제자가 되기 위하여 치러야 할 값을 계산하여 그 비용을 치렀지만, 얼마나 그 비용을 더 치러야 할지는 알지 못하였다. 그런데 교부 시대의 교부들(특별히, 속사도 교부들과 사막 교부들)을 바라보며, 제자가 되기 위한 비용은 하나밖에 없는 목숨까지도 주님께 드리며 달려가야 할 길임을 깨닫게 된다. 물론 오늘날 이 시대가 핍박이 있었던 속사도 교부의 시대와 같지는 않지만, 그럼에도 불구하고 제자의 이정표를 삶으로 보여준 교부들은 제자도에 있어서 큰 목표를 제시해 준다고 할 수 있을 것이다. 죽기까지 예수님을 따라가야 함이 제자도의 핵심이라는 것이다.

  교부들은 순교를 제2의 세례라고 부르기도 하였다. 그들에게 순교는, 세례의 의미에 대한 완전한 성취였다. 세례를 받을 때, 우리는 '세상에 대해서 죽고 그리스도와 연합하여 새로운 삶을 살 것'을 다짐한다. 순교도 마찬가지로 세상에 대해서 죽고 그리스도 안에서 사는 것이기 때문이다.(Thomas Merton, An Introduction to Christian Mysticism. 참조)
키프리안에 따르면, "물의 세례에서 죄 용서를 받고, 피의 세례(순교)를 통해 완전한 왕관을 받는다"고 하였다. 결국 이러한 정신은 제자도를 더욱 강조한 삶을 살아가게 하였으며, 순교로서 그 마지막 정점을 찍게 하였다. 그리고 이러한 정신은 사막 교부들에게도 이어져, 교회가 세속화되고 부패해져 갈 때, 그 시대에 맞는 순교의 정신을 실천하게 하였다. 이것이 오늘날 그리스도인들이 다시 되새기고 담아두어야 할 부분이 아닌가 생각된다.

발전하는 제자도

교부 시대에 제자도가 단계를 지어 발전하게 된 것은 오늘날에도 계승되어져야 할 중요한 부분이라고 생각된다. 왜냐하면 제자훈련을 하는 단체들, 교회들이 흔히 던지는 질문은 제자를 만들기 위하여 어디까지 훈련을 해야 하는가에 내용이 많기 때문이다. 교부 시대에 교부들이 그러하였듯이, 제자의 길을 출발한 사람들은 더 온전한 제자가 되기 위하여 달려가야 한다. 제자훈련을 마쳤다고 제자도가 끝난 것은 아니다. 제자훈련을 통하여 온전한 제자가 되기 위한 스스로의 노력과 훈련이 시작되는 것이다. 어떻게 하면 예수님을 따르며 온전히 닮아갈 수 있는냐가 중심이어야 한다. 온전한 제자는 마침이 없다. 자신의 모습에 만족하지 않고 지속적으로 예수를 닮은 온전한 제자를 위해 노력하는 자이다.

오늘날의 백색 순교

교부 시대에 교회가 국가교회로 전환되면서 세속화되고 신앙의 영향력이 죽어갈 때, 그것을 타파하고자 하는 사막 교부들의 노력은 오늘날 교회와 기독교 단체들이 본받아야 할 부분이 아닌가 싶다. 실제로 오늘날 기독교는, 국가교회 체제는 아니더라도 세속화되어 그 영향력을 점차 발휘하지 못하는 시대가 되어가고 있다. 이때 교회와 기독교 단체에서 필요한 것은 무엇일까? 그것은 삶의 순교가 아닐까? 순교는 죽기까지 예수님을 따라 닮아가겠다는 의지와 결단의 마지막이라면, 기꺼이 그것이 제자도의 목표가 될 수 있다. 꼭 죽어야만 순교가 아니다. 죽는 것과 같은 삶의 모습으로 날마다 산 제사를 드리는 자가 되어야 한다는 것이다. 시대마다 하나님이 준비하신 마지막 그루터기가 있어서 기독교의 핵심 가치를 계승시켜 왔다면, 오늘날에도 세속화되어 가는 교회를 바라보며 안타까움을 가지고 백색 순교를 다짐하는 제자들이 세워져야 하지 않을까 싶다.

제5장

종교개혁 시기의 제자도와 현대적 의미

예수님을 따르며 닮아가고자 하는 제자도는 중세교회에서 거의 찾아볼 수 없다고 해도 과언이 아닐 것이다. 예수님을 닮아가기 위해서는, 예수님의 흔적을 강조하고 이끌어 가는 리더가 있어야 하며, 예수님의 가르침과 부탁을 되새길 수 있는 의례와 예식이 살아 있어야 하고, 신앙의 형태가 다분히 예수님 중심이 되어야 하기 때문이다. 그러나 중세는 그러하지 못했다. 중세교회는 개인의 신앙 형태가 아닌 국가 교회 형태의 신앙 체제였고, 그렇기에 개인의 회심과 신앙 성장이 강조되기보다는, 국가 위주의 공적인 신앙이 강조되었다. 게다가 교회는 부패하기 시작하여 개개인의 신앙의 삶에 도전을 가져다주지 못하였다. 이미 고찰해 보았지만, 초대교회 시대에는 사도들이 예수님을 대신하여 예수님의 가르침과 말씀, 그리고 부탁을 전수하며 예수님을 닮아가도록 제자도를 선도하였다면, 교부 시대에는 교부들이 그 역할을 감당하였다. 특별히 속사도 교부들은 그들이 처한 상황과 환경에서 순교까지 감수하며, 죽음으로써 예수님을 온전히 닮아가는 삶을 보여주었다. 예수님을 따르며 닮아가는 마지막 목표가 예수님의 십자가 죽음까지라는 것을 속사도 교부들이 순교로서 직접 그리스도인들에게 보여줌으로 모델이 되었다. 또한 후기 교부 시대를 이끌었던 사막교부들은 백색 순교를 보여줌으로써 예수님을 따르는 삶의 모델을 보여주며, 그리스도인들을 제자도로 이끌었다. 그러나 정작 중세 시대에는 예수님의 삶을 보여주는 사람도, 그리고 강조하는 사람도, 모델이 되는 사람도 나타나지 않았다. 그 역할을 감당해야 할 성직자들이 부패되었고, 성직자들을 감독하고 이끌어야 할 교황청이 타락하였기 때문이다. 도대체 예수를 따르는 제자도가 신앙의 핵심이며 예수를 닮아가야 한다고 누가 외칠 수 있었을까?

제자도의 관점에서 바라본 종교개혁의 배경

종교개혁이 일어나게 된 배경과 이유에 대해서는 여러 가지로 공통된 이유를 말할 수 있지만, 여기서는 제자도의 관점에서 종교개혁이 일어나게 된 배경을 살펴보려 한다. 첫째, 교회의 권력과 부(富)의 확장에서 찾을 수 있다. 교회와 국가와의 관계에 있어서, 교회의 권력이 세속정부의 권력을 압도하였고, 부(富)의 확장은 당연히 교회의 부패로 이어질 수밖에 없었다. 이러한 상황은 예수님의 말씀을 가르치고 강조하며 전수해야 할 성직자들이 본연의 임무와 역할에 충실하지 못하도록 만들었고, 오히려 호화로운 생활을 살며 예수님이 중심이 아닌, 인간 중심의 관점에서 신앙을 강조하기 시작하였다. 특별히 중세 교황청의 권위가 최고조에 오르게 되었는데, 교황 이노센트 3세(1198-1216)의 취임을 기점으로 극대화되었다. 그는 자신을 "베드로의 대리자" 혹은 "그리스도의 대리자"라고 불렀다.

둘째, 중세 시대의 신앙을 어두운 역사로 만든 가장 치명적인 사건은 십자군 원정이었다. 이것은 종교가 세속문화와 국가권력 위에 군림함으로써 이러한 사건이 일어나게 되었으며, 그 결과 중세가 어둡게 된 것이다. 십자군 원정은 진정한 십자가의 의미를 알지 못하고 자신들의 편의와 세력을 확장하려는 취지에서 진행되었기에 많은 사람에게 아픔을 준, 돌이키지 못할 사건이 되었다. 예수님을 따르려는 자에게 가장 중요한 십자가의 의미가 왜곡됨으로, 설령 중세에 제자도가 강조되어 실천하였다고 할지라도, 그 제자도는 이상한 제자도가 되었을 것임을 미루어 짐작할 수 있다. 십자가는 무력으로 억압하여 회심하게 만드는 십자가가 아니다. 억지로 회심시키기 위하여 사람들을 죽일 수 있는 십자가가 아니다. 한 영혼, 한 영혼을 사랑한다는 상징적 장소가 십자가이며, '섬기고, 희생하고, 내려놓고 낮아지는 것'이 십자가의 본질적인 의미인데, 중세는 그 의미를 왜곡하여 사용함으로 기독교를 이상한 종교로 만들어 세상에 낙인찍히도록 만들었다.

셋째, 면죄부의 판매이다. 이 면죄부는 교황 레오 10세가 '대 베드로 성당 건축'을 위한 기금 조성을 위해 면죄부를 만들어 판매를 강매함으로 비롯되었다. 이것은 잘못된 일이었지만, 로마 가톨릭교회는 100년 동안 이끌어 온 공사비를 충당하기 위해서 1506년 다시 면죄부 판매를 계속하였다. 그리고 판매의 촉진을 위해 판매 수입의 반액을 지방 감독이 차지하고, 판매 책임자는 판매량에 따라 보상을 받고 나머지는 교황청으로 보내게 하였다. 당시의 면죄부 판매 책임자인 도미니칸 수도사 테첼은, "속죄권을 사는 사람은 죄를 용서받을 것이요, 연옥에 있는 자를 위해 사면할 수 있는데, 그 은화가 헌금함 속에 떨어지는 소리가 나는 순간에 곧 천국으로 올라간다"라고 외쳤다. 이러한 분위기는 면죄부 판매를 통해서 일확천금(一攫千金)을 누리고자 하는 종교 모리배들을 만들어 내었다. '속죄'는 기독교 신앙의 가장 중요한 핵심 내용이다. 속죄는 예수의 피 외에 다른 어떠한 것으로 대체할 수 없음이 분명하지만, 중세에는 면죄부를 팔아서 죄 사함을 대신할 수 있도록 만들었다. 이것은 기독교의 근간을 흔든 내용이었고, 제자도의 근간을 흔든 내용이라고 할 수 있다. 왜 예수님을 따르려는 자들이 생겨났는가? 왜 예수님을 닮아가려 하는가? 큰 죄인이 속죄함을 입고 은혜를 주신 예수님를 따르겠다는 것이 순서인데, 속죄의 근간이 흔들려버린 교회에 과연 제자도가 존재할 수 있었을까? 제자도가 사라진 교회에는 예수님이 가르치지 않으셨던 이상한 것들이 그 자리를 대신하였다고 볼 수 있다.

넷째, 중세교회는 성직자들과 소수의 엘리트 신앙이 중심을 이루었다. 그러므로 교회의 모든 제도적 신앙의 모습은 일반 평신도의 종교적 심성을 충족시켜주지 못하였고, 농민을 비롯해 글을 읽을 줄 몰

랐던 사회 하층민들이 마음속에 있던 종교적 욕구가 교회의 의식이나 공식적인 제도에 반영되지 못하였다. 교회는 대중적인 평신도의 종교 욕구를 무시했고 저속한 것으로 비하시켰다. 이러한 모습은 예수께서 메시아로 이 땅에 오셔서 하신 일들과 반대된다. 예수께서는 이 땅에 오셔서 멸시당하시고, 버림받았으며, 간고를 겪고 질고를 당하셨다(사 53:3). 가장 낮은 모습으로 오셔서 어느 한 사람도 소외되지 않고 품으려 하셨고, 특별히 세상과 하나가 되려고 노력하셨다. 그러나 중세교회는 성직자들과 상류층들이 그들만의 리그처럼, 대다수의 일반 대중을 품지 못하고 기독교 신앙의 핵심을 전수하지 못하였다. 이러한 상황에서 예수님을 따르고 닮아가는 제자도를 활성화한다는 것은 감히 생각하지도 못할 일이며, 제자도를 생각하였다면, 그렇게 일부만 독식하는 신앙의 체계를 구축하지 않았을 것이다.

종교개혁을 통하여 회복된 제자도의 기틀

종교개혁이 필요했던 많은 이유 가운데 가장 중요한 것은 기독교 신앙의 핵심인 제자도가 유명무실하게 되었기 때문이다. 신앙의 근간을 이루는 사상이 흔들리면, 그 신앙을 바탕으로 서 있는 공동체는 부패되거나 무너지게 되어 있다. 그렇기에 제자도의 관점에서 본다면, 종교개혁은 제자도를 다시 교회와 그리스도인의 신앙 중심에 세워 놓는 일이라고 할 수 있을 것이다. 그렇다면 제자도가 강조되고 활성화되기 위해서 교회는 어떻게 기존 체제를 개혁하고 또 회복하였는가? 이것이 중요한 이유는, 제자도를 강조하고 활성화한다고, 그 내용만 강조해서 될 일은 아니기 때문이다. 이미 교회의 체제가 부패되었고 잘못되었다면, 그 체제가 개혁되고 수정되며 회복될 것은 회복되어야 그 토양 위에서 제자도가 활성화되고 성장할 수 있기 때문이다.

첫째, 종교개혁을 통하여 교회 안에 있는 상업적 기반이 무너졌다. 교회는 장사는 하는 곳이 아니고, 돈을 축적하여 성직자들이 부요함을 누리는 장소도 아니다. 상업주의로 부패했던 교회의 모습은 예수님 시대에도 나타났다. 경건하고 신성해야 할 성전이 양과 소를 파는 시장이 되어버렸고, 그 속에서 돈을 목적으로 하는 상업주의가 판치고 있었기 때문이다. 예수님은 "내 아버지 집을 장사하는 집으로 만들지 말라"(요 2:16)고 말씀하시며 성전을 청결케 하셨다. 이것이 무너지지 않고 교회가 교회 될 수 없기 때문이다. 마찬가지로 교회 안에 있는 상업주의가 무너지지 않고 제자도가 활성화될 수 없다. 제자도는 세속주의와 다른 길을 걷는 일이기 때문이다.

둘째, 종교개혁을 통하여 교권주의가 무너졌다. 이미 언급하였지만, 중세교회는 성직자 중심의 신앙 체제가 구축되었고, 마치 그들이 교회의 주인인 양 행세하며 많은 이권을 챙기고 교회를 부패하게 만들었다. 이러한 토양 위에 제자도의 내용만 강조된다고 활성화되는 것이 아니다. 교권주의가 무너져야 한다. 다시 '모든 족속을 제자 삼으라'는 주님의 명령이 실천될 수 있는 신앙의 토양으로 바뀌어야 한다. 성직자 중심의 교권주의는 종교개혁을 통하여 무너지고, 평신도 중심의 신학과 신앙이 정립되었으며, 성직자 중심의 예수가 아닌 모두를 위한 예수로 탈바꿈하였다.

셋째, 교회의 신앙적 흐름이 영광의 신학을 강조하는 데에서 십자가의 신학을 강조하는 것으로 전환되었다. 이러한 전환은 그리스도의 제자가 되는 지름길이 되는 교회의 토양이라고 할 수 있다. 종교개혁의 창시자인 루터는 하이델베르그 논쟁에서 자신의 신학을 십자가 신학이라고 명명하고, 그동안 가톨릭교회가 중요시하였던 영광의 신학과 대비시켰다. 이는 당시 가톨릭이 눈에 보이지 않는 하나님을 볼 수 있게 해준다고 주장하며, 교회 건물의 웅장함이나 미사의 정교함과 화려함, 교황이나 사제를 강조한 것에 대한 반박이었다. 이러한 십자가 신학은 인간 중심적인 영성과 부와 건강을 추구하는 신앙의 방식으로부터 예수님 중심으로 다시 돌아오게 하는 것이었다. 즉, 인간 중심에서 그리스도 중심으로, 세상의 성공과 번영의 은혜를 추구하는 것에서 오히려 기꺼이 고난을 받아들이는 신앙으로 돌아가게 하는 것이었다.

종교개혁 시대 제자도의 특징

종교개혁은 부패한 교회를 개혁하고 신앙을 정비하였으며 다시 신앙의 본질로 돌아가는 기회를 만들어 주었다. 또한 기독교의 근원이 되는 뿌리로 되돌아가려는 움직임이 있었다. 다시금 기독교 힘의 원천을 되찾고, 그 정체성을 되찾으려는 움직임이 활발하였다. 그렇기에 예수님으로부터 시작된 "나를 따르라"는 제자도가 회복된 시기이기도 한다. 그렇다면 종교개혁 시대는 어떠한 특징적인 모습이 제자도를 강조하고 활성화하였을까?

첫째, 제자도의 교과서인 성경이 회복되었다. 중세교회는 오직 라틴어로만 기록된 성경을 가지고 있었기에 사제들의 전유물이었다. 그렇기에 평신도들은 예배를 통해서 들을 수 있는 말씀이 전부였으며, 그것도 사제들에 의해서 해석된 말씀을 들어야 했다. 성경 본문을 라틴어로 읽어도 알 수 없고 이해할 수 없었기 때문이다. 그러나 종교개혁은 성경을 모든 사람에게 돌려줌으로써 예수께서 어떠한 일을 행하셨는지, 그리고 무엇을 강조하고 명령하셨는지, 어떻게 예수를 따라갈 수 있는지를 배울 수 있었다. 성경이 그들의 언어로 번역되어 제자도의 원리를 주목할 수 있는 길이 열려진 것이다. 이로 인하여, 성경보다 교회와 전통의 권위를 앞세웠던 로마 가톨릭의 교회 지상주의가 성경 지상주의로 바뀌었다. 성경이 교회를 이끌어가고, 개개인의 신앙을 이끌어가는 중심이 된 것이다. 성경에 눈멀었던 성도들이 자신들의 언어로 된 성경을 읽고 신앙생활을 하며 얼마나 큰 감격과 감사가 있었을까? 그것도 신약성경이 르터에 의하여 먼저 번역되었기에, 신약성경 안에 있는 예수님의 행적들을 읽으며 예수께서 강조한 바가 더 크게 다가왔으리라! 제자도의 교과서는 성경 말씀이다. 그 교과서가 모두에게 주어진 종교개혁 시대는 제자도의 날개를 단 시대라고 할 수 있다.

둘째, 제자도 기본 정신인 '한 영혼의 소중함'이 회복되었다. 이것을 성직자 중심에서 평신도 중심이라고 표현할 수 있지만, 궁극적으로는 소외되었던 영혼들을 예수님처럼 다시 소중히 여기게 된 기회였다. 복음서 시대에 유대 지도자들이 예수님을 잘 이해 하지 못하였던 것 중에 하나는, 세상에 소외되고 천한 자들을 찾아가시고 친구가 되어 주셨기 때문이다. 이것이 제자도의 기본 정신이다. 어느 한 사람도 소외되지 않고 '모든 족속', '온 백성'을 구속하시고 제자로 삼으시려는 예수님의 마음 때문이다. 종교개혁 시대에 그러한 정신이 회복된 것이다. 그렇다면 왜 이것이 제자도의 특징이 될 수 있을까? 예수님을 따라가려면, 예수께서 그러하셨듯이, 낮아져서 한 사람 한 사람을 섬기고 존귀하게 여겨야 하기 때문이다. 예수님의 제자가 되려는 사람들이 사람을 섬기지 않는다면, 교만해져 사람을 정죄하고 판단만 하는 인물로 전락할 수 있다. 제자로 훈련 받은 것이 자기 의가 되어 다른 사람을 판단할 수 있는 기준으로 작용하기 때문이다. 그러므로 평신도 중심의 교회가 되었다고 하는 것은 한 영혼의 소중함이 살아 있고 생활화하는 교회가 되었다는 의미이기도 하다.

셋째, 제자도의 핵심인 예수 그리스도의 십자가가 회복 되었다. 십자가가 제자도의 핵심이라고 말할 수 있는 이유는 예수께서 직접 말씀해 주셨기 때문이다. "누구든지 나를 따라오려거든 자기를 부인하고 자기 십자가를 지고 나를 따를 것이니라"(마 17:24). 십자가 없이는 예수님을 따라갈 수 없고, 십자가 없이는 예수님을 닮아갈 수 없다는 것이다. 그러나 중세교회는 십자가를 왜곡하여 십자군 전쟁을 일으켰고, 그 결과 많은 나라와 사람들이 십자가 때문에 목숨을 잃고 피해를 보게 되었다. 하지만 종교개혁 시대에는 그 십자가가 제 위치에 놓이게 되었다. 루터가 십자가 신학을 선포하며 고난과 자기 포기, 내려놓음을 강조하였기 때문이다. 어떻게 예수님을 잘 따라갈 수 있는지, 십자가를 제시하였기 때문이다. 그러므로 종교개혁은 다시금 십자가를 지고 예수님을 따르는 삶이 무엇인지를 깨닫게 해주었고, 루터를 비롯한 종교개혁자들이 직접 삶으로 모범이 되었기에 활기를 띨 수 있었다.

    넷째, 제자도의 실천으로 성령 안에서 기도, 묵상, 시련이 강조되었다. 이것은 1539년 루터의 비텐베르크 전집 서문에도 기록되었지만(여기에 대해서는, Luther, WA 50. 657-661과 빌럼 판 엇 스페이커르/황대우 역, [기도, 묵상, 시련], 그 책의 사람들, 2012. 참조하라), 칼빈도 강조한 내용이었다. 즉, 종교개혁 시대에는 제자도를 실천하기 위한 구체적인 방법이 있었다. 기도, 묵상, 시련이 그것이었다. 실제로 이 세 가지의 방법은 종교개혁자들이 기도와 묵상과 시련을 통하여 어떻게 예수님과 깊은 교제를 나누게 되었는지를 가르쳐 주는 것으로, 토착 세력의 반대와 어려운 시련 속에서도 그들의 성스러운 과업을 완성할 수 있었던 것은 이 세 가지 방법을 통하여 예수님을 깊게 경험하는 일이 있었기에 가능하였다. 모진 시련과 어려움 속에서도 어떻게 기도하고 묵상하여 예수님을 만나 연합하고, 닥친 시련을 이겨날 수 있는가를 제시한 것이기에, 제자도를 실천하는 구체적인 방법이라고 명명할 수 있을 것이다.

다섯째, 제자도의 핵심 내용으로서 성만찬이 강조되었다. 성만찬은 기독교가 세워지는 결과를 가져오는 역사적인 사건을 기념하는 것으로, 그 의식을 통하여 예수님을 기억하고 기리며 그 가르침대로 살아갈 것을 다짐하였기에 제자도의 중요한 내용과 요소가 된다. 그런데 종교개혁 시대에 와서 성만찬의 의미가 더 강화되고 강조되었다. 물론 여러 가지 주장이 나타나 대립 되고 극단적으로 흐르기도 하였지만, 성만찬의 강조는 다시금 기독교 신앙을 예수님 중심으로 가게 하며 기독교의 뿌리를 강화시켜 주고 성도들을 하나로 묶어주는 역할을 한다. 곧 예수 그리스도의 죽음을 기억하며 감사함으로 받는 떡과 잔은 우리로 하여금 그리스도와 하나 됨을 확인시켜주고, 구원받은 모든 지체를 한 몸으로 묶는 데 중요한 기능을 하기 때문이다. 이렇게 성찬은 기독교 뿌리로 되돌아감을 대변하는 말이 되었다. 여기에 교회의 원천이 있다. 바로 여기에 교회의 정체성과 그 활동의 근원이 있다. 교회는 바로 여기로 되돌아가야 하며 처음 교회를 이 세상에 존재하게 한 이유를 기억해야 한다(알리스터 맥그라스, [종교개혁 시대의 영성], 서울: 좋은씨앗, 2010. 99.).

종교개혁 시대 제자도의 현대적인 의미

성장주의에서 벗어나 본질을 강조하라

　마태복음에 나타난 지상명령에 의하면, 제자 삼는 일은 선택 사항이 아니라 모든 믿는 자가 마땅히 해야 할 일이다(마28:19). 그러나 성경을 성직자들과 소수 엘리트가 점유하고 있던 중세 시대에는 사실상 모든 성도가 제자가 될 수 있는 가능성이 없었다. 그러나 성경이 번역되고 모든 사람이 쉽게 접하게 되었을 때, 기독교의 본질이 회복되고 한 영혼의 소중함을 인지하는 기본 정신이 살아났으며 제자도가 다시 세워지게 되었다. 성경은 제자도의 교과서이기 때문이다. 이런 면에서 본다면 오늘날 교회에 시사하는 바가 크다. 코로나 이후, 위기를 경험하고 있는 한국 교회는 교회로 돌아오지 않는 가나안 성도 때문에 고민이 크다. 코로나가 지나면 돌아오리라 생각했던 성도들이 가나안 성도로 전락하여 인터넷이나 광야교회(이 교회 저 교회 떠돌아다니는 성도) 안에 머물러 있기 때문이다. 더구나 교회 안에서도 명목상의 신자가 늘어나고 있다. 뿐만 아니라, 교회 등록하는 인원이 줄어들고 있다. 이제 교회 성장은 생존과 직결된 문제가 되었다. 왜 이러한 결과를 초래한 것일까? 여러 이유가 있겠지만, 그동안 교회가 성장에 초점을 맞추고 달려온 결과가 아닌가 싶다. 그 결과 모든 믿는 자를 제자화하는데 효율적이지 못하였다. 이러한 모습은 중세교회와 같다고 할 수는 없겠지만, 교회가 본질을 강조하지 못하고, 예수님을 따라가는데 초점을 맞추지 못하여 신앙이 형식화되고 거대한 몸집으로 물질주의와 물량주의가 득세하던 종교개혁 이전 교회의 모습과 유사하다고 할 수 있을 것이다. 어떻게 해야할까? 다시 성경 중심의 목회, 성경 안에 예수님이 강조되는 목회, 예수님을 따르고 닮아갈 수 있는 의식과 프로그램의 강화가 시급하다고 할 것이다. 이때 제자도가 강조되고 제자의 삶이 회복될 수 있기 때문이다.

또한 성장주의는 한 영혼의 소중함을 희석시켰다. 교회 성장학 자체가 문제는 아니었지만, 성장만을 향해 달려 나감으로 교회에서 돌봄을 받지 못하는 사람이 생겨난 것이다. 작은 교회가 큰 교회를 벤치마킹하며 시스템을 무리하게 흉내 내다 지치는 성도도 생겨났다. 기업 경영의 관점에서 교회를 보면서 번화한 곳에 쾌적한 시설로 이전하면 성장할 것이라는 막연한 기대감에 무리하게 교회 건축을 하는 과정에서 상처받는 성도가 생겨났다. 이제 교회는 얼마나 많은 성도가 교회에 출석할 것인가에 관심을 두기보다, 출석한 성도가 얼마나 많은 위로와 회복을 경험하고 예수의 제자가 될 것인가에 관심을 두어야 할 것이다.

상대주의에서 벗어나 절대주의로 돌아가라

오늘날에는 경험에 따라 개인은 스스로 가치 판단을 할 수 있고, 타자가 그 판단의 옳고 그름을 판단할 수 없다고 믿는 상대주의가 팽배한 시대 즉, 절대가치가 부정되는 시대에 살고 있다. 그렇기에 하나님이라는 절대자의 기준을 모든 사람이 따라야 한다는 제자도의 기본 개념이 흔들리는 시대이기도 하다. 이런 시대에 십자가 신학을 선포하며 예수님을 닮아가려 했던 종교개혁자들의 모범은 의미 있다. 종교개혁자들은 중세교회의 왜곡된 십자가의 의미를 멈추게 하였고, 죽기까지 예수님을 따르는 모습을 보여줌으로 십자가의 본래 의미를 회복하게 하였다. 십자가는 영광의 자리로 우리를 초대하는 것이 아니라, '희생' '섬김' '내려놓음'의 자리에 들어가는 것임을 강조하며 '자기를 부인하고 십자가를 따르는 삶'(마17:24)이 무엇인지 직접 삶으로 실천하며 순교까지도 감수하며 제자도의 모델이 되었다. 종교개혁자들이 보여준 핵심은, 인간은 상대적이고 가변적이며 언제든지 타락할 수 있는 존재임을 인정하고, 절대적이며 불변하고 언제든지 선하신 예수님을 기준으로 사는 것이었다. 오늘날 예수를 따르는 자들, 특별히 사역자들에게 더욱 요청되는 자세가 아닌가 싶다.

세속화에서 벗어나 예수께 초점을 맞추라

제자도의 핵심은 예수님에게 초점을 맞추고 따르는 것으로부터 시작된다. 그렇기에 제자도가 실패했다는 것은 예수님께 초점을 맞추는데 실패했다는 의미일 수 있다. 중세교회의 부패는 여기서 비롯되었다. 예수님께 초점을 맞추어야 할 교회가 세상에 초점을 맞추었고, 그 결과 세상적인 가치관이 판치는 공동체로 변질된 것이다. 세속화는 제자도의 상실을 초래한다. 이런 의미에서 종교개혁은 세속화된 교회가 다시 예수님께 초점을 맞추는 교회로 변화된 사건이라고도 할 수 있다. 현대 한국교회를 바라볼 때, 이 부분은 의미심있게 다가온다. 왜냐하면 현대는 세속의 시대이고 그 흐름은 더욱 가속화되고 있기 때문이다(Taylor, Charles. A Secular Age. Cambridge, MA: The Belknap Press of Harvard University. 참조). 그렇기에 세속화의 문제는 단순 중세 교회의 문제가 아니라 지금 우리의 문제이며, 세속화된 교회에 제자도를 회복하는 종교개혁의 특징은 지금 우리 시대의 제자도를 위해 중요한 해법이 될 수 있다.

이런 차원에서 우리도 종교개혁자들처럼 삶 속에서 예수님과 연합하며 살아가기 위해, 기도와 묵상 그리고 시련을 강조해야 할 필요가 있다. 이것이 삶 속에 정착될 수 있으면 은혜 있는 삶을 살 수 있고, 그 은혜는 세속화 시대에서 어떠한 시련에도 대처할 수 있는 힘을 줄 수 있기 때문이다. 개인적 삶의 영역에서는 기도와 묵상 그리고 시련의 실천을 통하여 세속화를 이겨나갈 수 있다면, 공공의 예배에서는 성만찬을 강조함으로써 세속화를 이겨 나갈 수 있다. 이미 언급한데로, 성만찬에 대한 다양한 학설보다는, 그만큼 예수님과 하나 되기를 열망하는 마음이 중요하다.

제6장

재세례파의 제자도와 현대적 의미

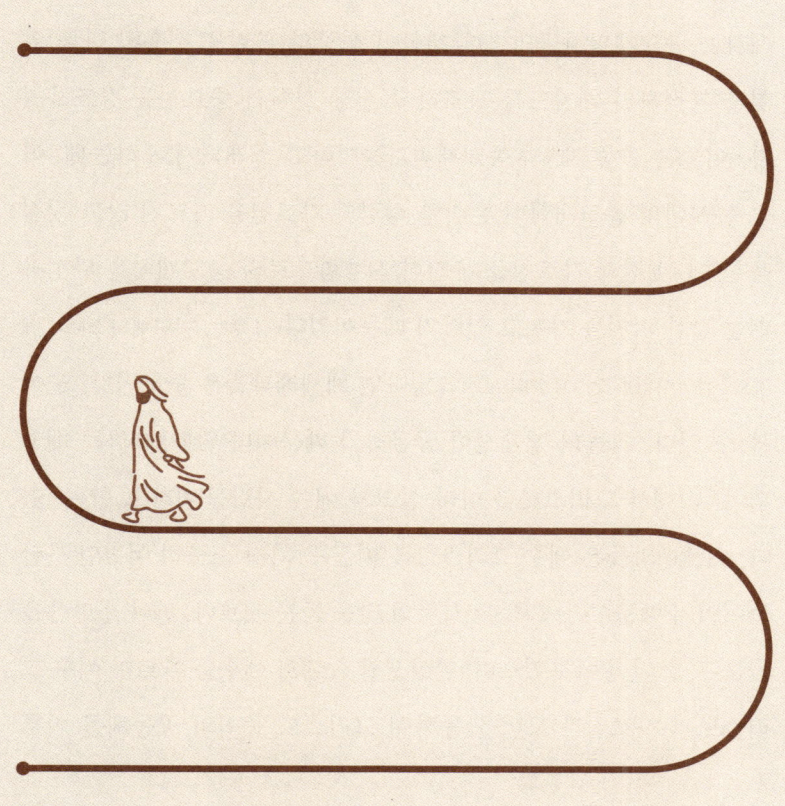

종교개혁 시기에 등장한 여러 개신 교파들 가운데 가장 눈에 띄는 단체 가운데 하나가 재세례파이다. 믿음을 통한 구원을 강조하며 교회를 갱신하려 나타난 종교개혁자들이 외침이 중요하였지만, 재세례파는 종교개혁자들의 신앙개혁이 신앙의 본질을 소홀히 다룰 위험을 지적하며 제자도를 강조하고 신앙 실천의 중요성을 강조하였다. 이들은 종종 제3의 종교개혁가들이라고 소개되기도 하는데, 이는 동시대의 종교개혁이 온전한 성경의 가르침을 따르지 않고 뒷걸음칠 때, 성경의 가르침을 온전히 시행함으로써 종교개혁을 완성하려는 강한 의지를 가지고 있었기 때문이었다(김복기, "아나뱁티스트와 제자도" 한국아나뱁티스트센터, 6). 그렇다면 재세례파들은 누구인가? 물어 볼 수 있다. 그들의 정체성이 궁금하기 때문이다. '재세례파는 매일의 삶 속에서 그리스도를 따라 살고자 애쓴 사람들'이라고 할 수 있다. 재세례파들은 예수 그리스도를 '따름'을 가장 소중히 여겼던 사람들이었기 때문이다. 그들은 사람의 말을 듣는 것보다, 하나님 말씀을 듣는 것을 더 좋아하였으며, 일상생활 속에서 예수를 따르며 예수 그리스도의 가르침과 모범을 통하여 그리스도 중심의 공동체를 이루고자 애썼다. 그들은 박해 중에도 그리스도의 평화를 실천하며 그대로 살고자 애쓴 평화의 사람들이기도 하다.

제자도의 관점에서 본 재세례파의 발흥 배경

종교개혁 당시 로마 교회의 가르침은 특별하게 소명 받은 사제나 수도사만이 진정한 의미에서 예수님의 제자가 될 수 있다고 가르쳤지만, 재세례파는 모든 신자가 제자가 되어야 한다고 주장하였다. 특별히 재세례파는 교회의 거룩성이 기독교 신앙에 가장 중요한 표지라고 생각하였는데, 그것은 교회를 구성하고 있는 신자들이 거룩할 때 가능하다고 생각하였다. 하지만 종교개혁 당시, 교회는 국가와 혼합되어 있었으므로 거룩성이 파괴되었다고 생각하였다. 성과 속은 구별되어야 하는데 하나가 되었기 때문이다. 그리고 교회의 거룩성이 파괴된 가장 큰 이유가 유아세례라고 생각하였다. 유아세례는 국가교회 체제 안에서, 모든 사람들이 태어나면서부터 교인으로 만드는 제도로 전락하였기 때문이다. 실제로 국가와 종교가 일치된 중세 유럽 사회속에서는 시민과 신자를 구분할 수 없었다. 이에 재세례파는 교회의 거룩성을 회복하기 위해서 무분별하게 주어지는 유아세례가 사라져야 한다고 생각하였고, 그렇기에 유아세례가 성경적 근거가 없다는 점과 세례는 신앙의 고백에 근거하여 시행되어야 한다는 점을 주장하여 유아세례를 반대하였다. 예수님도 어렸을 때는 할

례만을 받았을 뿐, 성인으로 세례를 받았다는 점을 부각하였다. 모든 사람이 그리스도인으로 인정받는 체제 안에서는 성스러움을 구별할 수 없기에, 교회를 회복하고 개개인의 신앙을 회복하기 위해서 가장 먼저, 신앙의 출발점이라고 할 수 있는 세례가 바로 정립되어야 한다고 주장한 것이다. 진정한 신자를 구별하여 하나님의 교회를 거룩하게 만들고, 그러한 신자들이 지속적으로 예수 그리스도를 온전히 따라야 교회가 교회다워진다고 생각하였다.

이렇게 본다면, 재세례파 운동의 가장 중요한 핵심 가치가 제자도라고 할 수 있다. 예수를 따르고 본받는 제자도를 회복시키기 위하여 유아세례를 반대한 것이고, 거룩성을 회복하고자 하였기 때문이다. 그러나 이들이 주장하는 제자도는 1세기의 제자도와 비교하여 특별하지 않았으며, 1세기의 제자도를 복원하려 한 운동이라고 할 수도 있다. 단지, 종교개혁 당시 관행이었던 유아세례 대신, 신앙고백을 바탕으로 세례를 주어야 한다고 주장하며, 이것만이 진정한 세례라고 믿었기에 기존의 질서와 크게 부딪혔고, 가톨릭과 루터파, 칼빈주의자들 등 종교개혁 주의자들과도 부딪히며 많은 억압과 탄압을 받았고 순교를 경험하기도 하였다. 그러므로 그들에게 '재세례파'라는 명칭이 붙여졌지만, 실제로 그들에게 더 중요한 것은 성경적인 교회 회복이었다.

제자도의 관점에서 본 종교개혁과 재세례파

　제자도의 관점에서 본다면 종교개혁은 잃어버렸던 제자도를 되찾는 놀라운 계기가 되었다고 할 수 있다. 하지만 직접적으로 제자도의 회복을 주장한 것은 아니다. 그들은 신앙의 본질로부터 너무나 멀리 떨어져 나간 신앙을 회복하기 위하여, 명목상의 신자들이 난무한 교회를 어떻게 개혁하고 본질을 되살릴가 생각하여, 개개인의 믿음을 강조하였고 그 믿음으로 구원을 얻는 '이신칭의'를 정립하는데 기여하였다. 또한 제자도의 교과서인 성경을 번역하여 개개인에게 돌려주었으며, 예수 그리스도의 십자가가 루터의 십자가 신학을 통하여 회복되었고, 기도와 묵상과 성만찬 등이 강조되며 제자로서 살아갈 수 있는 삶의 자리와 전체적인 기반을 만들어 주었다. 너무나 중요한 업적과 성과이지만, 재세례파는 그러한 환경 안에서 직접적으로 제자도라는 단어를 사용하여 제자도의 회복을 주장하였다. 꼭 집어서 제자도를 언급한 것이다. 그 제자도를 회복하기 위하여 개인의 믿음과 고백에 근거한 세례를 주장한 것이다. 양보 없는 이같은 주장은 다른 개혁주의자들과 부딪힘으로 탄압을 받고 어려움을 겪기도 하였지만, 포기하지 않았다.

　종교개혁과 재세례파가 주장한 공통적인 내용은 부패하고 타락한 교회를 개혁하고 기독교 신앙의 본질을 되찾기 위하여 시작된 운동이었지만, 유아세례 반대와 신앙의 고백을 근거로 한 성인 세례만을 고집한 미묘한 차이가 한 부류는 개혁의 선구자로서 인정받도록 하였으며, 다른 한 부류는 기독교의 이단으로 정죄되기도 하였다는 점이 참 어색해 보인다. 더욱이 제자도의 관점에서 본다면, 종교개혁기에 재세례파는 직접적으로 제자도를 강조하며 예수를 닮은 단순한 삶을 강조하였기에 더 큰 영향력을 끼칠 수 있었지만, 그렇지 못하였다는 점은 오늘날 짚고 넘어가야 할 부분이다. 물론 재세례파가 가지고 있었던 신학의 균형에 문제가 있을 수 있고, 문자적으로 성경을 보며 배타적으로 적용하려고 한 부분(산상수훈대로 살아야 하며, 평화를 실천하기 위하여 전쟁에 참여하지 않고 군대에 들어가지 않는 부분 등)들이 기존의 개혁파들과 힘을 같이 할 수 없는 부분이 있었겠지만, 제자도의 관점에서 본다면 그들은 훌륭한 신앙인들이라고 할 수 있다. 그렇기에 오늘날 재세례파에 대한 해석과 새로운 평가가 나오며 다시 그들을 닮아가야 한다는 주장까지 나오는 실정이다.

재세례파 제자도의 특징

재세례파의 제자도의 특징은 다음의 몇 가지에서 찾아볼 수 있다. 첫째, 제자도의 시작은 세례이다. 재세례파는 그들이 주장하는 제자의 삶의 시작이 세례라고 생각한다. 이미 언급하였지만, 이 세례는 재세례파를 특징짓는 가장 중요한 요소로서, 믿음의 고백을 할 수 있고, 개인적으로 헌신할 수 있는 성인에게 주어져야 한다고 하였다.

이는 성인들만 그러한 결정을 할 수 있기 때문이었다. 둘째, 제자도의 성장은 '권징, 순종'을 통하여 이루어 진다고 할 수 있다. 먼저, 재세례파는 마태복음 18:15-18에서 그리스도인 공동체의 권징의 기준을 찾는다. 권징에는 죄의 고백과 용서가 담겨져 있는데, 권징의 목적이 죄를 범한 사람에게 그가 죄를 용서받을 수 있는 기회를 주고 다시금 공동체에 속하도록 만들어 주는 것에 있기 때문이다. 또한 권징을 통하여 건강하고 개혁하는 교회를 유지하려 하였다. 즉, 권징을 통하여 신자들을 거룩한 제자로 만듦으로서 순전한 교회를 세워가기 원하였다(존 호퍼, [후터라이트 공동체의 역사], 55). 그러나 무엇보다도 제세례파로서 성장하게 하는 것은 '순종의 자세'였다. 그들은 철저한 신약 중심, 또한 예수 그리스도의 말씀 중심에서, 자신의 삶을 예수께 순종하고 복종하는 삶을 살았다. 그렇기에 그들은 성경에 기록된 대로, 어느 누구에게도 맹세하지 않았다. 그들이 맹세를 거절한 것은, 16세기 상황을 보면 이해가 된다. 16세기 정치적 사회는 국가에 대하여 충성을 맹세하는 것이 필수적이었다. 또한 맹세를 하는 것은 시민권이나 상업적인 활동을 하는데 중요한 요소였기에, 맹세를 거절한다는 것은 자신이 정치적으로나 사회적인 질서를 거절한다는 것을 의미했다. 그러나 그들은 예수 그리스도를 따르며 명령을 온전히 순종하기 위하여 맹세하지 않았다. 셋째, 제자가 되는 능력과 좁은 길을 따라 살고자 하는 능력은 성령에 의해서 주어진다고 보았다. 성령은 재세례파 신자들이 시험을 이기며 새로운 삶을 살아갈 수 있도록 만드는 원동력이 된다고 하였다. 또한 성령은 수천 명의 재세례파에게 죽음까지도 감례할 수 있는 힘을 주시기에 수많은 순교자를 배출할 수 있었다(아놀드 스나이더, [재세례 신앙의 씨앗으로부터], 68). 재세례파는 세례에 있어서 가장 기본적인 것이, 바로 세례의 순간에 신자의 마음에 임하시는 성령이며, 그 성령은 신자들로 하여금 회개와 믿음에 이르도록 하며, 더 나아가 그들로 하여금 순종하는 제자가 되게 하는 능력을 주신다고 보았다(아놀드 스나이더, [재세례 신앙의 씨앗으로부터], 51). 그렇기에 제자도에 있어서 성령을 강조하였다. 넷째, 재세례파들은 그들이 주님의 온전한 제자가 되어가고 있다는 증표로 복음전도를 실천하였다. 재세례파들은 은둔주의자들이나 분리주의자가 아니었다. 또한 극단주의자도 아니었다. 그렇다면 그들이 자신들이 옳다고 생각하는 제자도와 복음전도를 효율적으로 전할 수 없었을 것이다. 그러나 그들은 철저하게 성경적인 삶을 살아내기 위하여 삶의 모습으로, 때로는 직접 만나서 전하며 다른 그리스도인들에게 영향을 주었다. 로잔 선언에 따르면, 복음전도는 '현존의 전도, 선포의 전도, 설득의 전도'로 나눌 수 있는데, 이들은 주로 현존의 전도를 중심으로 자신들의 삶을 통하여 진정한 제자로서의 삶을 사는 것, 그리스도인으로 사는 것이 무엇인지 보여주었다(노원준, "재세례파의 제자도와 복음전도에 관한 연구" 서울신학대학교 박사논문, 4장 참조). 다섯째, 재세례파는 예수를 따르는 자들의 대가를 지불, 즉 자기포기와 순교를 가르쳤다. 예수님의 제자가 되기 위해 대가를 지불한다는 것은 무척 중요하다. 자신의 것을 포기하고 기꺼이 제자가 되겠다는 의미가 그 안에 포함되어 있기 때문이다. 대가 지불의 한 방법으로서, 모든 재세례파 신자들은 도움이 필요한 사람들과 함께 물질을 나누었다. 자신의 소유를 포기하고 나누는 것이다. 이러한 소유의 포기는 그리스도 안에서 자기는 죽고 다시 사는 사람이라는, 그리고 이 땅 위에서 그리스도의 몸에 자기 자신을 완전히 헌신한다는 분명한 표시였다. (아놀드 스나이더, [재세례 신앙의 씨앗으로부터], 78.) 또한 재세례파는 피의 세례를 강조하였다. 이 말은 16세기에 4000여 명이 넘는 재세례파 신자들의 순교를 상기시켜주는 말이지만, 순교와 직접적으로 관계되지 않은 더 부드러운 의미로 사용되었다. 즉, 세례 이후, 참된 그리스도의 제자로 살기를 실천하면서, 악한 세상의 유혹과 대면해 자신의 옛사람을 죽이는 일에 매진하였는데, 이러한 모습을 피의 세례라고 불렀다. 그들은 그 어떤 공동체보다도 이 일에 철저하게 집중하였다. 그러나 피의 세례가 내적인 싸움과 육적인 고행만을 뜻한 것이 아니라, 문자 그대로 순교의 의미를 가지고도 있었다(아놀드 스나이더, [재세례 신앙의 씨앗으로부터], 52, 78). 여섯째, 철저한 성경 중심의 제자도였다. 초기 재세례파의 지도자인 펠릭스 만츠는 "그리스도인이라면 누구도 검을 사용하여 처벌하거나 어떤 사람을 죽여서는 안된다. 왜냐하면 그러한 사례를 성경에서 찾아볼 수 없기 때문이다"(윌리엄 에스텝, [재침례교도의 역사], 61 재인용)라고 하였다. 이러한 언급은 개세례파들이 얼마나 철저하게 성경 중심의 삶을 살고자 하였는지 보여준다. 이외에도,

성경에 기록된 대로 검, 창, 총, 등의 무기를 만드는 것은 일체 허용되지 않았다. 또한 후터라이트에서는 물건을 사서 다시 팔아 이득을 남길 목적으로 매매하는 것을 금지하였다. 그 이유는 가격을 올리는 유통은 가난한 사람들이 살 수 없도록 그 물건을 더 비싼 것으로 만드는 행위이기 때문이다(존 호퍼, [후터라이트 공동체의 역사], 107.)그들은 천진난만한 성경주의자들이었고, 성경을 문자적으로 믿었으며, 문자대로 순종하고자 노력하였다. 그래서 그들은 성경에 관해서는 고집불통이었고, 외골수적 사람들이었다(김승진, [근원적 종교개혁], 354.). 일곱째, 철저히 구별된 공동체 중심의 제자도였다. 재세례파의 삶의 모습은 개혁 세력 안에서도 배척을 받을 만큼 철저한 것이었다. 그렇기에 그들은 자연스럽게 기존의 세력으로부터 분리되어질 수밖에 없었고, 자신의 신앙을 지키기 위하여 구별된 공동체를 형성할 수밖에 없었다. 이 공동체는 단순히 자신들의 신앙을 지키기 위한 터전만이 아니라 믿는바, 올바른 것을 시행할 수 있는 장(場)이기도 하였다. 그리고 이 공동체를 통하여 제자도가 성장하고 완성되어져 갔다. 후대 재세례파의 분파였던 후터라이트의 경우에는, 초대교회의 유무상통을 그대로 본받아 살아갔다. 자신의 소유를 포기하고 다 함께 나누며 사용하는 공동체를 만들어 세상과 구분되게 살아갔던 것이다(존 호퍼, [후터라이트의 공동체의 역사], 126). 이러한 공동체가 있었기에 그들의 제자도가 성장해 갈 수 있었다.

제자도의 관점에서 본 초기 재세례파와 후기 재세례파의 특징

초기 재세례파의 제자도를 가장 잘 드러내는 것은 그들의 신앙고백문인 [슐라이트하임 신앙고백]이라고 할 수 있다. 초기 재세례파에 대한 엄청난 박해로 재세례파 신앙이 말살될 위기에 처하자, 초기 재세례파 신자들은 순교자들의 회로 알려진 슐라이트하임 회의를 소집하였고, 7개 조항의 슐라이트하임 신앙고백을 완성하였다. 여기에는 세례와 권징, 성찬, 세상과의 분리, 교회의 목자 기준, 검, 맹세에 대해서 기록되어 있다. 이 7가지의 고백이 재세례파의 제자도의 근간이라고 할 수 있다. 초기 재세례파는 이 신앙을 중심으로 살았다. 그런데 이 고백들은 단순히 신앙의 소망이 아닌, 그들의 철저한 삶의 실천에 대한 결단이라는 점이 위대하다(윌리엄 에스쳅, [재침례교도의 역사], 79 참조).

후기 재세례파라고 할 수 있는 후터라이트와 메노나이트, 그리고 아미쉬 등의 공동체는 초기 재세례파의 제자도의 형태를 잘 보전하였다. 초기 재세례파는 물론이고, 후기 재세례파도 어떠한 고정된 신조나 제자도의 규정된 형태를 가지고 있는 것이 아니라, 그들이 성령의 조명 아래서 성경을 연구함으로써 얻어진 믿음의 고백이 그 본질이자 바탕이 되었다. 단지 현대 사회의 기술 문명을 받아들이느냐 아니냐의 차이와 그 속에서 물질의 나눔을 실천하느냐 안하느냐의 작은 차이가 이들의 차이라고 할 수 있다. 메노나이트는 주류 문화와 현대 기술을 어느 정도 받아들이고 그 속에서 재세례파의 제자도를 실천하는 단체이며, 아미쉬는 기술 문명과 일체 타협을 거부하며 유럽 각지와 신대륙에 정착하여, 그들만의 공동체를 구성하여 용서와 평화의 복음을 실천하는 공동체이다. 또한 이들의 공동체에서 나타나는 중요한 특징은 '물질의 나눔'이었는데, 메노나이트의 경우 후터라이트와 같은 재세례파의 뿌리를 가지고는 있지만, 물질의 나눔을 공식적으로 받아들이지 않았고, 후터라이트는 처음부터 유무상통의 초대교회의 모습을 본받아 실천한 공동체였다.

재세례파 제자도의 현대적 의미

이미 앞에서 언급하였지만, 오늘날 재세례파에 대한 평가가 새롭게 이루어지고 있고, 타락한 교회를 개혁하고 본질을 되찾기 위한 모델로서 재세례파가 조명되기도 한다. 특별히 현대 남아 있는 재세례파의 분파들은 나름대로 예수 그리스도의 제자도를 실천하면서 현대교회에 영향을 끼치고 있다. 그 한 사례로, 2006년 10월 2일 펜실베니아주 니켈마인스 아미쉬 공동체에 대형 총기사건이 일어났을 때, 아미쉬 공동체는 그들의 자식을 총으로 죽인 죄인들을 용서하였다. 이 모습은 전 세계로 펴져 오늘날 그리스도인이 어떻게 살아야 하는가의 질문을 던져 주었다. 그렇다면 오늘날 재세례파에서 배워야 할 제자도의 모습은 어떠한 것인가?

첫째, '게라센하이트(gelassenheit · 내려놓음)'의 회복이다. 재세례파의 제자도에 대한 또 다른 표현은 '게라센하이트'이다. 이 단어는 중세 신비주의자들이 주로 물질세계로부터 탈피하여 영혼의 자유를 얻는 데 쓰는 표현이었으나, 재세례파는 이 용어를 보다 전인적으로 사용하였으며, '완전한 복종, 또는 내려놓음'이란 의미도 사용하였다. 실제로 예수를 따르는 제자도에서 가장 중요한 것은 세상적인 것을 내려놓고 예수께서 말씀하신 것을 받아들이며, 죄된 자아를 내려놓고 영적인 경험으로 내 중심을 채워가는 일이다. '게라센하이트'는 그리스도의 주되심에 대한 복종, 성경의 가르침에 대한 순종, 신앙 때문에 받는 고통까지도 기꺼이 받겠다는 헌신의 표시, 자신의 소유물을 대범하게 나눠줄 수 있는 관대함, 하나님을 향한 깊은 신뢰, 공동체의 징계 수용, 결과에 초연한 신실한 증언, 그리고 자기 자신을 보호하기를 거부하는 것까지도 의미했다(스튜어트 머레이, [이것이 아나뱁티스트다], 243).

둘째, 용서와 평화를 실천하며 사는 삶이다. 재세례파가 평화를 강조한 이유는, 당시 유럽은 오스만제국과 전쟁, 30년 전쟁 등을 비롯해 끊임없는 전쟁의 소용돌이로 빠져 있었다. 이러한 상황에서 재세례파는 평화를 종교개혁의 기치로 걸고 반전 운동에 앞장섰다. 물론 초기에는 급진적인 자들이 있어서 물리적 저항을 하기도 하였지만, 대부분의 재세례파는 평화주의자들이었다. 그들은 예수께서 폭력과 저항을 금지하고 원수를 사랑하며 축복하라는 말씀에 순종하여 제자로서의 삶을 실천하였다. 실제로 재세례파의 후예들인 메노나이트와 아미쉬들은 미국의 독립 전쟁이나 대부분의 전쟁에 참여하지 않았고, 그 대신 국가를 위해 기여할 수 있는 봉사와 헌신의 삶을 살면서 서로 사랑하라는 말씀을 실천하였다. 또한 용서를 몸에 익숙할 수 있도록 가르침을 받았다. 십자가 위에서도 자신을 죽이는 자들을 용서하신 예수님과 돌에 맞아 죽어가면서도 죽이는 자들을 용서한 스데반처럼, 예수를 따르는 자들의 삶에는 용서가 삶의 일부여야 한다는 것이다. 분명히 재세례파의 제자도를 오늘날 그대로 적용하는 데 어려움이 있을 수 있음을 알고, 그들의 신앙적 내용이 균형 잡히지 못한 모습이 있지만, 재세례파의 제자도가 오늘날 교회에 울림이 되는 이유가 무엇일까? 그것은 순수하게 예수님의 가르침을 따르기 위한 그들의 결단과 삶의 모습이 있기 때문이 아닐까? 아무리 위대한 신학적 이론이 있고, 체계화된 프로그램이 있다고 하여도, 그것을 실천하여 따르고자 하는 삶이 뒷받침되지 않는다면 무슨 소용이 있을까? 항상 세상에 반응을 불러오고 변화의 기폭제가 되는 것은 세상과 다른 그리스도인의 삶의 모습이다. 초대교회가 그러했고, 신앙의 거장들이 그러했다. 또한 그러한 삶의 실천적인 이론들은 단순하다. 복잡하지 않다. 원수를 사랑하라고 하였으니 사랑하며, 이웃을 사랑하라고 하였으니 사랑하는 것이다. 이것이 오늘날을 살고 있는 그리스도인들에게 시사하는 바가 크다고 할 것이다.

   셋째, 프로그램 중심이 아닌 예수 중심의 제자도가 중요하다. 제세

레파의 제자도의 가장 큰 특징 중에 하나는 단순히 예수님을 따르겠다는 것이다. 이것은 오늘날 한국교회에 주는 의미가 크다. 대부분의 한국교회는 종교개혁의 정신 위에서 참된 교회를 만들며 온전한 그리스도인을 세우려 노력하고 있지만, 재세례파가 언급했듯이, 실천이 없는 이론 중심의 그리스도인 지성만 키워놓은 것은 아닌가? 반성해 보아야 한다. 온전한 그리스도인이라는 단어와 제자라는 단어가 서로 다른 의미를 지니고 있다기보다는 '예수를 닮은 신자'라는 공통점을 가지고 있지만, 각 단어가 주는 뉘앙스의 차이는 있다. 온전한 그리스도인은 한 사람의 완성된 그리스도인을 지칭하며, 이를 위하여 신앙의 체계 안에서 발전과 성숙을 경험한다는 의미가 내포되어 있다. "그리스도의 장성한 분량에 충만함에 이르는데까지"라는 성경 구절이 이를 뒷받침할 수 있다. 그러나 제자라는 단어는 당장 스승이 누구인가를 떠오르게 한다. 그리고 그 스승을 닮아감에 초점이 놓인다. 온전한 그리스도인도 그리스도의 장성한 분량의 충만에 이르는 것이기는 하지만, 그것을 위한 여러 방법과 체계, 훈련과 프로그램이 강조된다. 그러나 제자를 만들어 가는 과정은 너무 단순하다. 스승되신 예수님만을 따르고 쫓으며 그분의 명령에 순종하고 실천하는 것이 모든 것이기 때문이다. 때로는 프로그램과 체계화된 체계가 없어도, 성경을 중심으로 예수님의 말씀을 읽으며 순종하고 실천하는 것이 요구될 때가 있다. 오늘날이 그러한 시기가 아닐까?

넷째, 가정이 중심되는 제자도의 교육과 실천이다. 대부분의 제세례파 신자들이 그러하지만, 그들의 제자도의 실천은 가정에서 교육되고 가정에서 먼저 실천되어 진다. 가정이 일차적인 교육과 실천의 장이 되면서, 신앙 계승의 중요한 역할을 감당하고 있는 것이다. 오늘날 교회에 주일 학교가 문 닫는 교회가 늘어가고 있다. 이것은 초대교회에서부터 내려온 가정에서의 신앙의 교육과 실천, 그리고 계승이 이어지지 못한 결과이다. 재세례파의 분파인 아미시는 공식적인 신앙교육이 상대적으로 적다. 교회학교를 세운 몇몇 아미시 공동체가 있기는 하지만 대다수는 정식으로 교리를 가르치지 않는다. 아미시 신앙에는 명시적인 지침도 없다. 지도자들은 신앙교육 의무를 일차적으로 학교나 교회가 아닌 가정에 지운다. 한 아미시 할머니는 "아이들이 당신 무릎에 있는 동안, 그러니까 아이들이 유아용 의자에 앉기 전에 그렇게 하는 것을 배우는 것이 중요합니다"라고 말한다. 아미시 어린이들은 타인을 향한 용서와 존중을 일상의 삶 속에서 보고 배우는 것이다. 그들의 가정 교육의 목적은 하나님을 두려워하도록 가르치는 것과 인생을 올바르게 살도록 가르치는 것이다(존 호퍼, [후터라이트 공동체 역사], 107. 참조).

제7장

경건주의의 제자도와 현대적 의미

경건주의 운동을 종종 종교개혁을 완성시키기 위한 운동이라고 말하곤 한다. 교회를 개혁하기 위하여 종교개혁이 시작되었지만, 100여 년 뒤 루터의 후예들은 '개신교 스콜라주의'에 빠져 있었고 칼빈주의자들과 가톨릭과 싸웠으며, 심지어 자기들끼리도 싸우며 개혁의 모습을 희석시켰기 때문이다. "루터가 앞문으로 내쫓은 아리스토텔레스 철학이 슬그머니 뒷문으로 다시 들어오게 되었다."(지형은 외 5인, [기독교 영성의 역사] 서울: 은성, 1997, 180)는 말이 정확한 표현이지 않을까 싶다. 진정한 개혁의 결실이 열매로 맺혀져야 했지만, 싸움이 쉽게 끝나지 않고, 종교개혁의 신학적, 신앙적 기준을 완성하기 위해 노력하다 보니, 뜨거웠던 마음은 메말라 갔다. 무엇이 정통 신학이냐가 관심이었다. 게다가 종교개혁 후, 가톨릭 진영은 예수회 활동과, 트렌트 공의회의 결정 사항을 중심으로 전열을 가다듬고 개신교 진영에 반격을 가하였다. 이러한 상황 속에서 개신교 진영은 위기에 직면하였으며, 급기야 이러한 위기가 종교전쟁(프랑스 종교전쟁-1562-1598-과, 스페인에 대한 네덜란드의 반란-1566-1609-, 그리고 30년 전쟁-1618-1648-이 대표적이다)과 어우러지며 유럽 전체를 혼란 속으로 몰아 넣었다.

이러한 상황 속에서 다시금 참된 기독교, 하나님과의 관계에 초점을 두는 '경건을 소원'하는 운동이 일어났다. 경건주의 운동이다. 가톨릭을 개혁하여 진정한 기독교의 모습을 찾고자 하였던 종교개혁 운동이, 시간이 흐를수록 그 기본 정신에 멀어져가던 차에, 종교개혁의 정신을 신앙의 삶 속에서 완성하고자 하나의 운동이 시작된 것이다. 이제는 신학 중심이 아니라 삶이 강조되었다. 신앙인으로서 진정한 삶의 개혁이 종교개혁의 완성이라고 생각하게 되었다.

'경건'과 제자도

경건주의 운동이 제자도와 어떠한 관련이 있을까? 실제로 경건주의 운동이 명시적으로 제자도의 중요성을 강조하며 나온 것은 아니다. 종교개혁 시대의 재세례파처럼 온전한 예수님의 제자가 되기 위해서 강경하게 투쟁한 것도 아니다. 그렇다면 경건주의와 제자도는 어떠한 관계가 있을까? 이미 제자도의 역사를 다루며 언급하였지만, 제자도의 핵심은 예수님을 따르는 것이다. 그리고 예수님을 닮아가는 것이다. '제자'라는 말이 명시적으로 사용되지 않았더라도, 예수를 따르고 닮기 위한 실제적인 지침이 강조되었다면, 그것은 제자도와 깊은 관련이 있다. 한국 교회를 보더라도, '제자' '제자도'라는 단어가 기독교 초기부터 명시적으로 사용되지 않았지만, 주님을 향한 뜨거움을 가지고 세계에서 유일하게 새벽기도, 철야기도, 산상 기도 등을 만들어 주님과의 관계를 중요시하며 더 가까이 가려고 노력하지 않았던가? 예수님과의 관계를 중시하며, 더 가까이 가려고 한 모든 노력은, 제자가 되려는 노력과 진배없다.

이러한 관점에서 보자면, 경건주의 운동의 '경건'이라는 단어는 제자도와 깊은 관련이 있다. '경건'이란 단어를 어원적으로 살펴보면,

헬라어적 표현은 '유세베이아(ευσεβεια)'이다. 희랍 문헌에서는 이 말이 신들이나 인간들에 대한 당연한 존경의 태도를 의미할 때 사용되었다. 성경에서는 대부분, 하나님을 높이고 존중하는 태도를 가리킨다. 사도행전 10장 2절에 보면, '유세베이아(ευσεβεια)'의 형용사형인 '유세베스(ευσεβής)'가 사용되었다. 여기에서는 백부장 고넬료의 성격을 묘사하기 위해 사용되었는데, "경건한"으로 번역하였다. 이 말은 하나님이란 말과 직접 연결되어 나오는 희랍어, '데오세베이아(θεοσβεια)'와 관련이 깊다. 이 말은 디모데전서 2장 10절에서 단 한 번 사용되었는데, "하나님을 공경하는 자"라고 번역되었다. 그러므로 '경건'이라는 단어는 '하나님과의 친밀한 관계'를 나타내는 단어임이 분명하다. 그렇기에 하나님의 거룩한 성품을 닮아가는 것을 지칭할 때도 경건이라는 단어가 사용되며, 예수님의 성품과 모습을 닮는 것을 말할 때 사용되기도 한다. 유대교에서는 일반적으로 율법과 하나님을 높이는 것, 기쁨으로 하나님을 찬양하는 것 등을 경건의 범주에 포함시키고 있다.

이상에서 보자면, '경건'이라는 단어 자체에 예수님과의 관계를 중시하고, 그분을 높이며, 그분을 닮아가는 의미가 포함되어 있다고 할 수 있다. 여기에 제자도와의 연관성이 있다. 경건주의 운동은 종교개혁 후, 메말라가던 신앙의 열정에 불을 붙이며, 예수님을 삶 속에서 만나고 닮아갈 수 있는 길을 열어놓았기 때문이다. 실제로 경건주의 운동은 예수님을 그대로 따라가려는 초대교회 정신을 실현하고자 한 운동이었다.

경건주의 제자도의 특징

첫째, 하나님과 하나 됨을 추구하였다. '신과 합일'은 보통 신비주의자들이 내세우는 목표이기도 하다. 그런데 이것이 제자도의 중요한 내용이 된다. 왜냐하면 제자도는 예수님을 따라가며 닮아가는 것이 핵심이기 때문이다. "그리스도의 장성한 분량의 충만에 이르기까지"가 제자도의 목표이다. 그렇다면 왜 경건주의는 하나님과 하나 됨을 추구하였는가? 그것은 정통주의 시대를 거치면서 신앙이 객관화되었기 때문이다. 즉, 신앙의 주체가 되는 그리스도인과 신앙의 대상인 하나님이 분리되어, 주관적으로 경험하는 것이 멀어져 가게 되었다. 실제로 정통주의 시대에는 하나님의 체험을 열광주의적인 것으로 여기고, 교리 논쟁과 신조 등을 통해서 신앙을 객관화하고 체계화하였다.

독일 경건주의의 선구자로 불리는 요한 아른트(Johann Arndt)는 그의 [진정한 기독교]에서 '신비적 연합'에 대해 집중적으로 다루었다. 아른트에게서 하나님과의 하나 됨은, 창조와 구원과 연속선상에 놓인다. 인간은 하나님의 형상으로 창조되어 하나님과 연합되어 있었지만, 죄와 타락으로 그 형상을 잃어버리고 하나님과 분리되었다고 하였다. 그러나 성육신하신 예수 그리스도는 신성과 인성의 연합을 통해 하나님과 우리의 완전한 연합을 위한 확실한 근거를 마련하셨다. 그래서 우리는 그리스도의 십자가에서 나타난 가장 순수하고 완전한 사랑과 성령의 역사를 통해 하나님과의 연합을 회복할 수 있게 되었다. 이에 아른트는 하나님과의 연합을 신랑과 신부의 순결하고 성스러운 결혼식, 즉 "영적 혼인"으로 비유한다(Johann Arndt, [진정한 기독교] 노진준 역, 서울: 은성, 1988, 5권 2부 참조). 또한 하나님과 하나 됨은, "완전한 충만함에 참여하고, 측량할 수 없고 끝이 없는 하나님의 선하심으로 가득 채워지는 것"(Johann Arndt, [진정한 기독교], 352)이었다. 아른트의 이러한 강조는, 곧 예수님을 온전히 닮아가겠다는 제자도의 내용으로 우리를 이끌어 준다고 할 수 있다. 필립 야곱 슈페너 (Philip Jakob Spener) 역시 경건주의 교과서라고 불리는 [경건한 소원]을 통하여, 3부에서 하나님과의 연합을 통한 현재적인 삶의 변화를 위한 영성 훈련을 강조하였다(P. J. Spener, [경건한 소원] 엄성옥 역, 3부 참조).

둘째, 중생의 체험을 강조하였다. 당시 정통주의자들은 종교개혁부터 시작하여 '이신칭의'의 교리를 강조하였다. 가톨릭의 공로 사상에 반하여, 믿음으로 말미암아 의롭게 되는 것을 더욱 강조하였고, 정통주의자들은 루터의 본래 의도보다 더욱 경직되게 칭의를 강조하였다. 그러나 경건주의자들은, 종교개혁이 칭의를 주장하는 것으로만 끝난다면 열매가 없을 것으로 보았다(이후정, "경건주의자들의 영성", [기독교사상], 1995. 8, 209). 경건주의자들은 '칭의'에서 한 걸음 더 나아가, '중생'을 강조하였다. 경건주의가 강조하려는 신앙, 교회의 갱신은 변화된 사람 중심으로 실천되는 운동이었기 때문이다. 중생이란 '성령의 내주하심'을 의미하는 것이기에, 중생하게 되었을 때 진정한 내면의 변화를 맛볼 수 있다. 이것은 예수님 제자도의 특징 가운데 하나이기도 하다. 예수께서는 사람을 부르시고 변화시키는 일에 주력하셨기 때문이다. 사람에게 변화가 일어나지 않고는, 예수께서 이 땅에 오신 목적도 이룰 수 없으며, 제자가 될 수도 없다. 제자란 변화가 되어가는 사람이다. 그러므로 경건주의자들은 사람의 진정한 내면의 변화를 가져올 수 있는 중생을 강조하였다.

중생에 대한 강조는 슈페너 등, 대부분의 경건주의자에게서 나타나는 특징이지만, 특별히 프랑케는 자신이 1687년에 겪었던 중생 체험과 관련하여 더욱 강조하였다. 한번은 프랑케가 설교 부탁을 받고 요한복음 20장 31의 말씀으로 "믿음과 영원한 생명"에 관해 설교하려 하였다. 그런데 설교 준비를 하다가, 자신 안에 믿음이 없다는 것을 깨닫고 심각하게 고민하고 두려워하였으며, 설교하기 전날 밤, 두려움과 불안 가운데 기도하다가 극적인 중생을 경험하였다(P. C. Erb ed, [경건주의자들과 그 사상] 엄성옥 역, 서울: 은성, 1991, 150-51). 이러한 경험을 토대로, 프랑케는 누구나 '회개를 위한 투쟁'을 해야 함을 강조하였다. 이 투쟁은 새로운 생명을 탄생시키기 위한 산고(産苦)에 비유되는데, 기도를 통하여 성취된다고 보았다. 그러므로 인간의 구속은 하나님의 선행하시는 은혜에 의해 시작되지만, 인간이 기도를 통하여 그 은혜에 반응하며, 하나님을 찾고 그 은혜를 받아들이게 된다고 보았다(P. C. Erb ed, [경건주의자들과 그 사상] 엄성옥 역, 143-45 참조).

셋째, 성경 중심의 신앙을 강조하였다. 성경은 예수님을 따를 수 있는 가장 중요한 지침서이다. 성경 말씀은 곧 예수님이시기 때문이다. 경건주의의 가장 큰 공헌 가운데 하나는 성경의 중요성을 회복한 데 있다. 이미 루터를 비롯한 종교개혁자들에게서 성경의 중요성이 강조되고 실천되었지만, 정통주의 시대에 이르면서, 성경은 교리라는 색안경을 끼고 읽혀졌고, 그 결과 삶의 지침으로서 성경의 중요성이 크게 상실되었다.

슈페너는 경건한 소원 제3부, "교회 내의 올바른 상태 회복을 위한 제안"에서, 그리스도인들은 설교를 통해서 말씀을 듣는 것만으로는 충분치 않으며, 각 가정에 성경, 특히 신약을 비치해 두고 부지런히 읽을 것을 권면하였다. 또한 목회자의 지도 아래에 소그룹으로 모여 말씀을 읽고 토의할 것도 제안했다(P. J. Spener, [경건한 소원] 엄성옥 역, 서울: 은성, 1988, 113-19 참조). 하지만 스패너는, 특별히 성경의 말씀과 예수의 영인 성령의 조화를 강조하였다. 말씀이신 하나님께서 성령의 역사를 통하여 개인에게 경험되며, 그곳에 참된 변화와 갱신이 있다고 하였다. 즉, 하나님 말씀은 성령께서 역사 하시는 곳에서 점화되며, 이 둘은 뗄 수 없이 연결되어 있다고 보았다. 스페너의 강조점은, 하나님의 말씀이 언제나 중심이 되지만, 그 말씀은 성령의 역사를 통하여 적용되고 경험된다고 본 것이다(P. J. Spener, [경건한 소원] 엄성옥 역, 3부 참조). 이렇게 볼 때, 경건주의는 예수를 따를 수 있는 가장 중요한 방법인 성경과 성령의 균형 있는 강조를 통하여 진정으로 예수님을 따를 수 있는 길을 열어 놓았다고 할 수 있다.

넷째, 예수님을 닮아갈 수 있는 훈련의 장으로서 소그룹을 강조하였다. 오늘날 제자도를 바탕으로 제자 훈련을 하는 대부분의 단체와 교회는 소그룹을 강조한다. 왜냐하면 성경에서 깨닫고 깨우친 바를 적용하고 삶으로 체화하기 위한 훈련의 장이 필요하기 때문이다. 실제로 혼자 스스로 예수님의 제자로 세워가기에는 한계가 있다. 우리의 연약함 때문이다. 서로 격려하고 사랑하며 도와주고 점검할 수 있는 장이 필요한 것이다. 예수께서도 제자들을 부르시고 그들을 제자로 훈련시켜 가실 때 소그룹을 사용하셔서 이곳에서 제자들 서로를 점검하시고 격려하시며, 교훈을 주셨고, 감독해 주셨다. 그런데 이러한 소그룹의 모습을 경건주의가 이어받아 그들만의 특색있는 영성 훈련의 장으로 발전시킨 것이다. 바로 '교회 안의 작은 교회'라는 소그룹 운동이다. 이미 소그룹을 강조하였다는 것만 보더라도, 명시적이지는 않지만, 그들이 얼마나 예수를 닮아가는 변화를 원하였는지 알 수 있고, 그 변화를 통하여 교회를 갱신시키기 원하였는가 알 수 있다.

'교회 안의 작은 교회'라는 모임이 활성화되기 전, 슈페너는 1670년 8월, 자신이 목회하던 교회 성도 몇 사람과 함께 목사관 서재에서 소그룹 모임을 시작하였다. 이 모임은 '경건의 모임'(collegia pietatis)이라는 불렸는데, 명목상 그리스도인들의 삶의 변화와 이상적인 초대 교회의 모습 회복을 목적으로 한 모임이었다. 이 모임에 대해 스패너는 다음과 같이 이야기하였다. "우리가 바라는 바는, 학생들 사이에 경건의 모임이 이루어지는 것이다. 그 모임을 통하여... 우리가 우리 구주 그리고 그의 사도들로부터 가르침을 받은 삶의 규율들이 보다 연구되어서, 학생들이 분명히 깨달음을 받기를 바란다"(주도홍 편저, [독일의 경건주의] 서울: 기독교문서선교회, 1991, 132-33). 실제로 소그룹의 목적은 예수님과 사도들의 가르침이 그리스도인들의 실제적인 삶에 전수되는 것이었다고 보아도 좋을 것이다. 이러한 '경건의 모임'은 '교회 안의 작은 교회'(ecclesiola inscclesiale)라는 소그룹 운동으로 발전하였다.

이것이 좀 더 발전된 형태로 나타난 것은 진젠도르프 때였다. 진젠도르프는 신앙의 자유를 찾아 이민 온 모라비안 교도들을 여러 개의 소그룹으로 나누었다. 처음에는 취미 또는 취향에 따라 몇 개의 모임으로 나누었다. 1730년에는 30개의 모임이었던 것이, 사람들이 급격히 모여들어 1734년에는 700여 명이, 100개의 모임을 형성하였다. 그리하여 진젠도르프는 '조'를 구성하여 모임을 재조직하였다. 이처럼 진젠도르프의 형제단은 소그룹을 중심으로 이루어진 공동체였으며, 이곳에서 철저하게 제자화가 이루어졌다.

다섯째, 지상명령을 적극적으로 실천하였다. 경건주의자들은 그들 스스로 훈련받고 제자가 된 모습을 지상명령을 실천함으로 세상에 보여주었다. 이것은 특별히 진젠도르프에게서 나타난다. 진제도르프는 이론적으로나 실천적으로 경건주의 운동을 확장시킨 대표적인 인물로서 모라비안 선교의 아버지라고 불려진다. 그는 헤른후트 공동체를 결성하여 이곳에서 훈련받고 생활한 모라비안들이 선교에 뜨거운 열정을 가지고 흩어질 수 있도록 최선을 다하였다. 그 결과 18세기에 활동하였던 개신교 선교사의 절반 이상을 이들이 감당할 정도로 활발하게 선교를 실천하였다. 이는 근대 선교사에서 찾아볼 수 없는 사례이다. 전 세계로 신속히 선교사를 파송한 것은 모라비안 운동이 성취한 가장 탁월한 결과이다. 모라비안은 선교를 위해 존재하였다고 해도 과언이 아닐 것이다(Howard A Snyder, "Pietism Moravianism, and Methodism as Renewal Movement" Ph. D. diss., University of Notre Dame, 1983, 229-31). 이들은 최초의 선교사 훈련 대학까지 세워 선교사를 양성하였고, 오지로 파송하였다(Ralph D. Winter & Steven C. Hawthorne, eds., Perspectives on the World Christian Movement, Pasadena: Williams Carey Library, 1992, B-72)

제자도에서 강조하는 마지막은 주님의 지상명령이다. 제자는 주님의 지상명령에 순종하면서 자신이 제자임을 확신해 가기 때문이다. 예수님께서도 궁극적으로는 변화된 제자들이 땅끝까지 나아가 세상의 모든 민족을 제자로 삼기 원하셨다. 그런데 경건주의는 말씀의 훈련과 성령의 역사의 강조로 변화된 사람을 주께서 원하시는 곳으로 파송하며 그 운동을 확장시켜 나간 것이다. 이 어찌 제자도의 내용에 충실하지 않았다고 말할 수 있을까? 오히려, 삶의 변화는 강조하지만, 그 변화된 삶을 가지고 열방으로 나가지도 않고, 주님의 지상명령을 순종하지 않는 단체와 그리스도인들이 얼마나 많은가? 경건주의 운동은 선교 역사의 한 획을 그을 수 있을 정도로 주님의 지상명령에 충실하였다.

경건주의 제자도의 현대적 의미

경건주의에서 찾아볼 수 있는 제자도의 특징적 내용들이 오늘날 교회와 그리스도인들에게 주는 의미가 크다. 경건주의가 발흥하였던 시대적인 상황이, 오늘날 우리가 처한 상황과 그리 다르지 않기 때문이다. 무엇보다도 코로나를 지나며 메마른 그리스도인의 심정을 불타오르게 할 신앙의 회복과 부흥을 갈망하기 때문이다. 그렇다면 경건주의 제자도의 특징에서 오늘날 적용할 수 있고 해야 할 내용은 어떠한 것이 있을까?

첫째, 프로그램 중심에서 말씀 중심 운동으로 전환하라. 정통주의를 거치며, 하나님의 말씀이 살아 역사하는 말씀으로 그리스도인들에게 체험되기에 한계가 있었던 모습을 보았던 경건주의자들은, 무엇보다도 하나님 말씀을 있는 그대로 읽고 삶에 적용하기 위해서 강조하며 부단한 노력을 하였다. 경건주의 운동은 말씀 중심의 운동이라고 하여도 과언은 아닐 것이다. 실제로 프랑케는 할레대학에서 성경 석의를 통하여 말씀을 학생들에게 가르치고 그것을 삶에 적용하기 위해 기도하며 노력하였을 때, 큰 부흥의 역사를 경험하였다. 가장 바람직한 기독교 갱신의 모습이며, 모델이 되는 부흥의 모습이라 할 수 있다.

오늘날 한국 교회에는 영성 프로그램과 훈련 프로그램이 수없이 많이 있다. 그 프로그램과 훈련 방식이 개인과 교회를 갱신시켜 줄 것처럼 매달려 올인하기도 한다. 물론 그 안에는 말씀을 강조하는 내용들도 포함되어 있기는 하다. 하지만 순수하게 하나님 말씀에 능력이 있음을 믿고, 그 말씀을 통하여 개인이 변화되고 교회가 갱신될 수 있다는 것을 믿으며, 말씀 중심의 갱신을 꾀하는 교회와 단체들이 얼마나 많을까? 오늘날 한국 교회는 다시 기본으로 돌아가 하나님 말씀 중심의 운동을 펼쳐 나아갈 때이다.

둘째, 하나님과 인격적인 만남과 닮아감을 강조하라. 경건주의자들이 추구하였던 목표 가운데 하나는 '신과 일치' 즉, 하나님과 온전히 하나 됨을 추구하려 하였다. 이것 때문에 신비주의자가 아니냐는 비난을 받기도 하였지만, 그들은 하나님을 삶 속에서 인격적으로 만나고, 그 하나님을 온전히 닮아 하나님과 하나가 되려고 노력하였다. 경건주의자들이 비난을 무릅쓰고 하나님과의 만남과 하나 됨을 추구하였던 이유는, 정통주의를 지나며 신앙이 객관화되었기 때문이다. 신앙은 다분히 주관적인 체험이 있을 때 변화되고 발전해 나간다. 객관적인 지식과 체계가 도움이 되기는 하지만, 그것이 마음으로 내려와 개인의 인격과 부딪치지 않는다면, 변화는 일어나지 않는다.

그리스도인의 영혼은 점차 메말라 간다. 이러한 모습을 직접 지켜본 경건주의자들은, 그리스도인 개개인은 하나님과 주관적이지만 인격적인 만남이 있어야 한다는 것을 강조한 것이다. 인격적인 만남이 있어야, 다시 메말랐던 마음을 불태울 수 있다. 개인의 변화와 하나님의 역사를 경험할 수 있다. 교회가 갱신될 수 있는 것이다.

이러한 모습은 오늘 한국 교회에 절실히 요청되는 부분이 아닐까? 4차 산업혁명을 거치며 AI시대에 살고있는 그리스도인들은, 자신도 알지 못하는 사이에 시대의 영향을 받아 지성주의로 흘러가고 있다. '무신론적 지성주의'시대에 살고 있기 때문이다. 물론 인간의 이성과 지성이 중요하지만, 그것이 강조될 때 정통주의 시대처럼 이성과 지성이 중심이 되어, 더 똑똑해지고, 더 많은 것을 알고 있는 그리스도인들을 배출할 수 있지만, 오히려 열정과 영적인 체험, 그리고 하나님을 향한 갈망이 있는 그리스도인들은 줄어들 수 있다. 신앙은 하나님과의 만남에서 시작된다. 한계 있는 인간이 무한하신 하나님을 만나면서 신앙이 시작되는 것이다. 그것이 제자도의 시작이기도 하다. 그래서 경건주의는 칭의를 넘어 중생을 강조하였다.

셋째, 성경적 교제가 있는 소그룹을 활성화하라. 소그룹은 언제든지 교회 안의 작은 공동체로서, 신앙을 점검하고 격려하며, 사랑과 섬김으로 제자를 만들어 가는 장이 된다. 초대교회가 오늘날 교회의 모델이 되고, 신앙이 활성화되며, 핍박 속에서도 제자로서의 삶을 포기하지 않고 살아낼 수 있도록 만들어 준 것은, 가정교회 형식의 소그룹이 활성화되었기 때문이다. 소그룹에서 경험할 수 있는 가장 중요한 훈련은 그리스도인의 교제이다. 이 교제를 통하여 변화가 일어나고 제자가 되어간다. 여기서 교제라고 하는 것은 세상적인 사귐을 의미하지 않는다. 요한일서 1장을 보면, 그리스도인의 교제에 대해서 집중적으로 기록하고 있다. 그리스도인의 교제는 하나님이 함께 하시고, 예수 그리스도가 변호사로 함께하시며, 성령께서 도우미로 함께하신다. 그 교제 가운데 하나님의 말씀이 나눠지고, 그 말씀을 기준으로 성령의 조명하실 때, 그 조명 안에서 각자의 죄와 잘못을 하나님 아버지께 고백하며, 변호사 되신 예수 그리스도께서 자신의 보혈로 우리를 깨끗게 하시고 변호해 주신다. 이때 하나님 아버지와 관계가 회복되고, 하나님 앞으로 더 깊게 들어가, 아버지를 체험하게 되는 것이다. 이러한 경험이 소그룹을 중심으로 교회 전체로 확산될 때, 교회가 갱신되며 하나님의 부흥을 경험할 수 있다. 실제로 경건주의자들이 외치고 강조한 내용을 적용하고 실제화한 장이 소그룹이었다. 이곳에서 진정한 교제가 일어나 말씀이 적용되고, 삶이 변화되어 졌으며, 이곳에서 위로받고 제자로 성장해 갔다. 이것이 오늘 한국 교회에 회복되어야 할 모습이 아닐까?

넷째, 복음 전도와 선교의 강조이다. 복음 전도와 선교는 예수님이 부탁하신 지상명령의 중심 내용이다. 그러므로 예수님의 제자가 되려는 사람들은 반드시 삶에서 적용하여 실천해야 한다. 그러나 오늘날 예수님을 따라가기는 원하지만, 지상명령을 실천하는 것에는 얼마나 주저하는가? 복음 전도는 교회의 성장과 운영을 위한 것이 아니다. 죽어가는 영혼을 살려내기 위한 조건 없는 전도여야 한다. 그것이 가능할 때, 열방을 향한 효율적인 선교로 이어질 수 있다. 경건주의는 이것에 특화되었다. 특별히 경건주의 운동의 기반이 다져지고 무르익어가던 진젠도르프에 와서 복음 전도와 선교가 극대화되었다는 것은 의미 있는 일이라고 할 수 있다. 시간이 흐를수록 제자도가 무르익어 제자의 완성을 향하여 달려간 것이기 때문이다. 오늘날 한국 교회가 다시 회복하여야 할 부분이 이것이다. 말로만 선교적 교회가 아닌, 영혼을 사랑하고 복음을 전할 수 있는 기반을 갖춘 교회, 주님이 가라고 하시면 언제든지 열방을 향해 달려갈 수 있는 준비된 제자들을 만들어 내는 교회가 되어야 하지 않을까?

제8장

존 웨슬리의 제자도와 현대적 의미

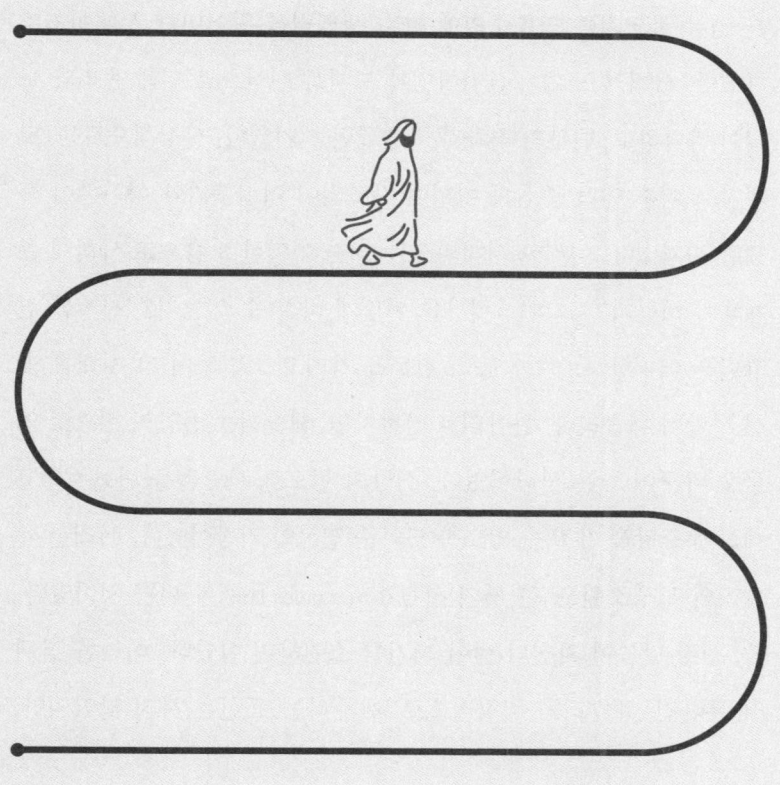

웨슬리가 살았던 18세기 영국 사회는, 종교적으로 헨리 8세가 자신의 재혼을 위한 정치적인 종교개혁을 일으킴으로 국교도와 비국교도의 구분을 낳게 되었고 영적으로 어수선한 시기를 경험하였다. 또한 영국 국교회는 전통주의에 빠져 생명력을 잃어버린 시대이기도 하였다. 사회적으로는, 산업혁명과 도시화 현상으로 인해 윤리와 도덕이 타락하고, 빈부의 격차가 극심했던 시기였다. 사상적으로는, 르네상스 이후 인간 중심의 이성이 강조되어 이성주의와 이신론이 득세한 시기였다. 이러한 시대의 '기독교는 어떠한 모습으로 사회에 존재해야 하는가?' '교회는 세상을 어떻게 바꿀 수 있는가?' '진정한 신앙인은 어떠한 자인가?' 등의 질문을 가지고 고민하며 그 시대를 맞선 사람이 웨슬리다. 한마디로 말하자면, 웨슬리는 신앙의 힘으로 영국을 바꾸어 놓은 사람이었다. 신앙의 힘으로 사람들을 변화시키고 세상에 소망을 가질 수 있도록 도와준 영적인 거장이었다. 이러한 웨슬리의 평생소원은 '한 책의 사람'(homo unius libri)'이 되는 것이었다. 즉, 성경 말씀이 자신의 삶이 되기를 소원하며 살았다. 이러한 점에서 본다면, 웨슬리는 직접적으로 '제자'라는 표현은 하지 않았지만,

예수 그리스도의 제자가 되기를 얼마나 소원했는지를 알 수 있다. 제자는 성경의 말씀과 하나 된 사람이기 때문이다. 그렇다면 웨슬리의 제자도는 어떠한 배경에서 형성될 수 있었는가?

1. 웨슬리 제자도의 형성 배경

1) 아버지의 영향

웨슬리가 제자도의 교과서라고 할 수 있는 성경, 즉 '한 책의 사람'이 되기를 소원하며 평생 그렇게 살기 위해 노력할 수 있었던 배경이 있다. 그것은 먼저 부모의 영향이다. 웨슬리의 아버지와 할아버지는 비국교도로서 청교도적 신앙의 순수성을 소유한 자들이었다. 이들이 비국교도가 된 이유는, 순수한 신앙을 지키고 복음적 삶을 살고자 국교회에서 추방되었기 때문이었다. 특별히 청교도의 성경 중심의 신앙생활을 강조하는 모습은 웨슬리가 어렸을 때부터 아버지께 영향을 받았던 신앙의 유산이었다. 이때문에 웨슬리는 세속적인 시대의 흐름에 대항하여, 진정한 신앙의 모습이 어떠한 것인지를 묻고 고민할 수 있는 바탕이 마련될 수 있었다. 웨슬리의 아버지 사무엘은 청교도들이 그랬던 것처럼 성경을 사랑하였고, 집중적인 성경 연구와 성경에 관련된 저술에 몰두하며 웨슬리에게 영향을 끼쳤다(Gordon Rupp, "Son of Samuel: John Wesley, Church of England Man," in The Place of Wesley in the Christian Tradition, Kenneth E. Rowe, ed. (Metuchen, NJ:

The Scarecrow Press, Inc. 1976, 42. 홍성철, [불타는 전도자 존 웨슬리], 서울: 도서출판 세복, 2006, 22에서 재인용). 웨슬리가 평생 '한 책의 사람'이 되기를 소원하며 성경적인 기독교를 전하였던 것은 결코 우연이 아니었다.

2) 어머니의 영향

웨슬리가 제자도와 관련하여 어머니께 영향을 받은 부분은 매우 지대하다고 할 수 있다. 왜냐하면, 예수님의 제자가 되기 위해서는 익숙했던 세상적인 삶의 모습을 내려놓고, 예수님께서 원하시는 삶의 방식으로 새롭게 바꾸어가야 하는데, 이 부분에 어머니 수잔나가 큰 도움을 주었기 때문이다. 웨슬리의 어머니는 자녀를 양육하는데 매우 엄격한 사람이었다. 수잔나는 청교도의 가르침대로 가정의 신앙교육을 중요하게 생각하여 "가정을 잘 훈련된 교회로 만들려고" 노력하였다(John A. Newton, Susanna Wesley, London: The Epworth Press, 1968, 52. 홍성철, [불타는 전도자 존 웨슬리], 27에서 재인용). 그래서 수잔나는 자녀들을 위하여 엄격한 시간표를 계획했다. 특히 하나님 앞에서 묵상과 자기 성찰을 위한 규칙적인 시간, 영적 일기 쓰기, 안식일의 엄수 등을 엄격하게 강조하였다(John A. Newton, Methodism and Puritans, London: Dr. William's Trust, 1964, 5.). 아마도 웨슬리를 통해서 시작된 메소디즘 운동의 기원이 어머니로부터 물려받은 영향 때문이었다고 해도 과언이 아닐 것이다. 특별히 수잔나는 자녀들의 의지(will)를 제어해 주는 것이 인격 개발에 너무 중요한 것이라고 믿었다. 이러한 양육방식은 자녀들이 자신의 고집을 꺾고 하나님의 뜻에 굴복하기 위해서 꼭 필요한 과정이었다(홍성철, [불타는 전도자 존 웨슬리], 29-30을 참조하라). 결국 웨슬리는 어려서부터 어머니에게 예수 그리스도의 제자로 설 수 있는 중요한 훈련을 톡톡히 받았다고 할 수 있다.

3) 신비주의의 영향

웨슬리의 제자도에 영향을 끼친 또 다른 배경은 기독교 신비주의였다. 기독교 신비주의의 목적은 '신과 합일' 즉, 하나님과 하나가 되는 데 있었다. 이것은 제자도의 목표이기도 하다. 제자도의 목적은 예수님을 따라가며, 예수님을 닮아감으로써 작은 예수가 되는 것이다. 웨슬리는 위대한 기독교 신비주의자들의 영향을 받아 어떻게 하면 하나님을 온전히 닮아갈 수 있을까를 고민하였다. 웨슬리에게 영향을 끼친 기독교 신비주의자들의 저서들은 다음과 같다. 제레미 테일러의 [거룩한 삶을 위한 규칙과 실습], 토마스 아켐피스의 [그리스도를 본받아], 윌리엄 로의 [기독자 완전에 대한 실제적 논문], [경건과 거룩한 삶으로의 진지한 초청]이 그것들이다(홍성철, [불타는 전도자 존 웨슬리], 3장 참조). 특별히 윌리엄 로에게서는 '기독자의 완전'이라는 개념에 영향을 받아 어떻게 그리스도인이 이 땅에서 완전하게 될 수 있을까를 고민하게 되었다. 그리고 이러한 고민은 이후에 웨슬리 자신이 '그리스도인의 완전'에 대한 책을 저술하는 계기가 되었다. 그리스도인의 완전이라는 개념은 '온전한 제자'라고 명명할 수 있을 만큼 비슷한 내용을 담고 있다. 왜냐하면 그리스도인으로서 완전해진다는 개념은 예수 그리스도의 제자로서 온전히 예수님을 닮은 모습과 흡사하기 때문이다.

4) 경건주의의 영향

또한 웨슬리는 경건주의의 영향을 받기도 하였는데, 이것은 웨슬리가 미국의 조지아주로 선교를 떠나면서 풍랑 속에서도 평정심을 유지하며 흔들리지 않는 모라비안들의 신앙의 모습을 보면서 시작되었다. 웨슬리는 Methodist(규칙주의자)로서, 예수 그리스도의 제자가 되기 위해 열심을 내고 자기 의지를 주님께 굴복하기 위해 노력해왔지만, 모라비안들을 만나며 '구원이 외적인 노력에 있지 않고 내적인 변화에 있다'는 사실을 새삼 깨달으며 변화를 경험하게 된다. 결국 모라비안의 피터 뵐러 목사를 만나며 복음적 회심을 경험하고, 그의 인생은 극적으로 바뀐다. 그 결과 웨슬리의 삶은 1738년 5월 24일 복음적 회심을 경험한 이전과 이후로 나뉘게 된다. 이것은 웨슬리가 스스로 이 사건에 대해서 언급한 데에서 정확하게 나타난다. "나는 지난 5월 24일까지는 그리스도인이 아니었습니다... 하나님의 은혜로 나는 지금 자유하며..."(Works, 12:33). 또한 웨슬리는 경건주의자들을 통하여 '교회 안의 작은 교회'의 개념을 창의적으로 조직하여 운영하였다. 즉, 한 사람의 그리스도인이 어떻게 회심을 경험하고 성장할 수 있는지를 창의적 소그룹을 조직하여 운영함으로 가능하게 하였다. 오늘날로 말하자면, 한 사람의 그리스도인을 제자로 만들기 위한 과정을 소그룹에 담아, 소그룹을 운영함으로 그리스도의 제자들을 양성해 내었다고 할 수 있다.

2. 웨슬리의 제자도를 담아낸 창의적인 소그룹들

웨슬리의 제자도를 연구하려면, 웨슬리가 창의적으로 조직하여 만들어낸 소그룹을 살펴보아야 한다. 웨슬리가 조직한 소그룹은 한 사람의 구도자와 그리스도인이 어떻게 예수 그리스도를 만나서 회심을 경험하고 온전한 그리스도인으로 성장해 갈 수 있는지를 한 눈에 볼 수 있도록 만들어 놓았기 때문이다. 웨슬리가 조직한 소그룹의 조직과 내용은 오늘날로 보자면, 제자도를 삶으로 녹여 제자의 삶을 살아내게 만든 제자훈련 프로그램과 같다고 할 것이다. 아마도 현대에 유행하는 제자훈련 프로그램을 체계적으로, 창의적으로 만들어서 최초로 운영한 선구자가 아닌가 싶다. 웨슬리가 조직한 여러 개의 소그룹의 특징들을 제자도와 관련하여 제시하자면 다음과 같다.

1) 속회 (Class Meeting) - 웨슬리가 만든 소그룹의 공통적인 목적은 신자들의 신앙을 관리하여 신앙의 성장과 성숙을 도모하는 것이었다. 그 가운데에서도 속회는 감리교 운동에서 핵심 되는 소그룹 모임이었으며 모든 구성원이 참석해야 하는 모임이었다(박용호, [존 웨슬리

의 속회론], 서울: 도서출판 kmc, 2008, 71). 원래 조 모임(Band)이 먼저 시작되었으나, 신입 회원을 위한 속회가 1742년에 시작되면서 자연스럽게 조 모임을 대체하게 되었다. 이 모임은 기독교에 관한 구도자들과 하나님을 깊게 경험하고자 하는 메소디즘 운동에 참석한 모든 사람들이 중심되었다. 이들은 속회를 통하여 하나님의 은혜를 깨닫고 새로운 삶을 경험하였으며, 지속적인 모임을 통해 하나님으로부터의 수용과 화해를 경험하였다(George G. Hunter, To Spread the Power: Church Growth in the Wesleyan Spirit, Nashville, TN: Abingdon, 1987, 58). 또한 속회를 통하여 선을 행하고, 죄를 피하며, 하나님의 은혜의 수단 -성경읽기, 매일 기도, 성찬, 금식, 지역교회의 예배 참석-을 규칙적으로 찾고 추구하였다(Paul W. Chilcote, "The Integral Nature of Worship and Evangelism," The Study of Evangelism, ed. by Paul W. Chilcote & Laceye C. Warner, Grand Rapids, MI: Eerdmans, 2008, 256-57). 이렇게 보자면, 웨슬리는 하나님을 찾는 자들과 관심 있는 자들을 방치하지 않고 속회에 가입시켜 지속적으로 신앙에 도전을 주고 하나님을 경험하게 함으로 예수 그리스도를 닮아가게 도와주었다. 그러나 여기서 가장 중요한 것은 속회에 가입한 사람들이 중생을 경험하게 돕는 것이었다. 신앙의 출발은 중생을 경험함으로 시작되기 때문이다. 그 결과, 많은 사람들이 하나님의 죄사함과 용납을 경험하고 하나님의 자녀가 되었다.

2) 반회(Band) - 속회가 성도들의 간증과 돌봄으로, 기본적인 제자

도를 실천하는 훈련의 장이었다면, 반회(밴드)는 죄를 상호 고백하며 내면의 성찰을 갖는 신앙고백의 영성 훈련의 모임이었다. 속회가 성화를 추구한다면, 반회(밴드)는 완전 성화를 이루기 위한 고백적 훈련을 갖았다(K. Collins, [존 웨슬리의 신학] 이세형 역, 서울: kmc, 2012, 356). 이러한 반회(밴드)는 모라비안 교도들의 모범대로, 연령, 성, 배우자의 유무에 따라 5-10명으로 구성되었고, 자기 성찰을 위해 엄격한 규칙을 지켜나갔다. 이러한 측면에서 볼 때, 반회는 속회보다 훨씬 더 온전한 그리스도인에 대한 열망이 가득했던 사람들이 참여했던 것이라고 볼 수 있으며, 그렇기에 온전한 제자를 만들어 내는 실제적인 장(場)이었다. 이 모임에서는 매주 모여 서로의 죄를 고백하는 다섯 가지 질문을 통해 서로의 거룩을 추구하였다. 그 질문의 내용은 다음과 같다. 1) 지난 모임 이후 당신은 어떤 죄들을 범하였습니까? 2) 당신은 어떤 유혹을 받았습니까? 3) 어떻게 그 유혹에서 벗어났습니까? 4) 그것이 죄인지 아닌지 확실치 않은 어떤 생각과 말과 행동이 있었습니까? 5) 당신은 숨기기를 원하는 어떤 비밀도 갖고 있지 않습니까?(김홍기, "초기 감리교회의 조직화와 속회 중심의 영성 훈련", [신학과 세계] 40호, 2000을 참조하라). 그러나 밴드의 가장 아쉬운 점은 이 모임이 웨슬리 사후에 명맥을 다했다는 것이다.

3) 선택자회(Select Society) - 웨슬리는 밴드를 통한 그리스도인의 완전을 향한 성화의 과정에 한계가 있음을 느꼈고, 그 결과 밴드에 속

한 사람들 가운데 소수를 선정하여 선택자회를 만들었다. 이 모임에는 일반적인 규칙을 넘어 세 가지 지침만 존재하였다. 첫째, 반회에서 나눈 내용은 어떠한 것도 다시 이야기하여서는 안 되는 비밀 엄수와, 둘째, 모든 회원은 사소한 일까지도 지도자에게 순종할 것을 동의하며, 셋째, 모든 회원은 일주일에 한 번은 공동체를 위해 절약한다는 지침이다(Works, 8:260). 이러한 지침이 존재하는 이유는, 웨슬리 자신도 교제가 필요했기에 이곳의 구성원들과 허탄하게 자신의 삶을 나누고 격려와 조언, 기도를 받았기 때문이다. 웨슬리는 이 모임이 메소디즘 안에 있는 모든 형태의 교제의 원형이 되게 만들고자 하였다. 즉, 그리스도 안에서 교제한다는 것이 무엇인지를 보여주고자 하였다(홍성철, [불타는 전도자 존 웨슬리], 243). 한 사람의 제자는 그리스도 안에서 서로 진정한 교제를 통하여 만들어진다고 할 수 있다. 그리스도인으로서 세상의 것들을 내려놓고 포기하는 '탈교육'과 예수 그리스도께서 명하시는 것으로 '재교육'하여 채워지는 과정이 필수적이지만, 이것이 단독자로서는 성취하기에는 한계가 있기 때문이다. 이 과정은 서로를 위해 격려하고 기도해 주며, 또한 조언하고 위로하며 환영하는 교제가 있어질 때 효율적으로 성취할 수 있다. 웨슬리 스스로도 이러한 소그룹에 소속되어 지속적으로 온전한 그리스도인을 추구하였다.

4) 회개회(the Penitent Society) - 이 소그룹은 웨슬리가 만든 소그룹의

한 형태로 존재하지만, 어떤 사람들이 참석하였는지 확실치는 않다. 그러나 분명한 것은 체계적으로 조직된 소그룹의 운영 체계에서 낙오된 자들과 떨어져 나간 자들이 다시 이곳을 거쳐서 회복될 수 있는 기회를 주었다는 점이다. 일부의 학자들은 이 소그룹이 밴드의 엄격한 규칙으로 인해 신앙에서 낙오가 된 사람들이 다시금 들어와 재훈련을 받고, 밴드에 재가입할 수 있는 모임이었다고 한다. 이렇게 보자면, 웨슬리의 소그룹 모임은 영적 돌봄과 동시에 치리의 문제도 함께 처리하는, 그 당시 완벽스러울 정도의 공동체의 모습을 보여주었다고 할 수 있다(박용호, [존 웨슬리의 속회론], 138).

3. 제자도의 완성으로서 복음 전도

복음 전도는 제자도의 완성이라고 할 수 있다. 예수께서 열두 제자들을 훈련 시키시고 마지막 유언과도 같이 부탁하신 것이 복음 전도이며, 이것을 통하여 또 다른 사람들을 제자로 삼으라고 명령하셨기 때문이다. 이것은 '영적 재생산'이라고 표현할 수 있다. 이렇게 보자면, 예수 그리스도의 제자로 서기 위하여 아무리 훈련받고 많은 경험을 하였다고 할지라도, 영적인 재생산을 할 수 없다면 아직은 완성된 제자라고 할 수 없을 것이다. 그런데 웨슬리는 위대한 복음 전도자였다. 그는 86세의 나이에도 매년 3-4천 마일을 이동하며 복음을 전하였고, 87세에는 거의 매일 한두 차례 전도설교를 하였다(존 웨슬리,

"1789. 3. 1. 전도자들과 동료들에게 쓴 편지," 『서간집: 존 웨슬리총서 10』, 314, 321). 그는 영국 국교회에서 설교권을 박탈당하였을 때, 야외로 나가 힘들고 어렵게 살아가는 사람들을 찾아 직접 그들과 함께하며 복음을 전파하였다. 그의 목적은 원시기독교의 신앙의 본질을 회복하고, 사도행전에 기록된 대로 복음 전도를 통하여 영혼들을 구원하고 세상을 변화시키는 것이었다. 그가 체계화한 소그룹도 전도 소그룹이었다고 해도 과언이 아니었다. 그리스도의 제자로 성장한 성도들이 또 다른 사람들을 전도하여 소그룹으로 인도하였기 때문이다. 결국 웨슬리는 스스로 예수 그리스도의 온전한 제자로서 예수님께서 부탁하신 지상명령 완수에 최선을 다한 제자였다고 할 수 있다.

4. 웨슬리 제자도의 현대적 의미

첫째, 원시기독교 신앙의 회복을 위해 지속적으로 고민하고 추구하였던 점이다. 런던의 시티 로드 채플(Wesley's City Road Chapel) 앞에 세워진 웨슬리의 동상에는, "원시교회의 순수하고, 사도적 교리와 실천들을 재생하고 갱신하며 변호할 것입니다…"라고 기록되어 있다. 실제로 웨슬리가 근대복음주의의 문을 열 수 있는 기반을 마련하며, 위대한 전도자요, 신학자요, 실천적 목회자로 설 수 있었던 것은, 이러한 고민 속에서, 본인 스스로가 기독교 진리에 대해서 발견하고 경험한 것이 토대가 되었다고 할 수 있다. 예수 그리스도의 제자가 된다고 하는 것은 이미 만들어진 토양에서 형성되고 성장하는 것이 아니다. 제자는 이미 익숙하게 살아온 세상이라는 토양에서 버려야 할 것을 버리고 포기하며 자신을 비워야 하고, 예수님이 주신 기준과 내용으로 새롭게 채워 변화된 삶을 살아가야 하기 때문이다. 이것을 위해서는 치열한 전투가 필연적이다. 그것이 결단을 위한 마음의 전투이든지, 새로운 주님의 기준을 받아들여 거룩한 습관으로 정착시켜야 하는 삶에서의 전투이든지, 아니면 주님을 더 알아가기 위한 전투이든지, 치열한 영적인 전투는 반드시 필요하다. 이러한 과정에서 기준이 되는 진리에 대한 고민과 추구는 한 사람으로 하여금 온전한 제자로 성장해 갈 수 있는 길을 열어 준다고 할 수 있다. 웨슬리에게 이러한 고민과 전투는 기독교가 힘을 잃어가고 변질되어 가는 시대적인 상황 속에서 일어났다. 불완전한 종교개혁, 산업혁명과 이성이 강조된 지성주의, 이신론이 득세한 시대 가운데서 웨슬리는 온전한 신앙과 신앙인의 모습을 고민하고 추구하였다. 그 결과 중요한 신앙의 전통을 창의적으로 계승하였고, 시대에 맞게 변화시켜 그 시대 많은 사람들에게 제자의 길을 제시할 수 있었다. 이러한 모습이 오늘날 4차 산업혁명과 AI로 인하여 변화하는 세상에 필요한 제자도의 모습이지 않을까 생각한다.

둘째, '신과 합일'을 추구하며 '그리스도인의 완전'을 추구한 점이다. 제자도의 핵심은 예수님을 따르며 예수님을 닮아가는 것이다. 웨슬리는 이미 부모로부터, 그리고 기독교 신비주의자들을 통하여 하나님을 닮아가는 것이 무엇보다도 중요한 것을 깨닫고 실천하였다. 물론 기독교 신비주의자들은 하나님을 닮아가는 것에만 몰두한 나머지, 사회적 책임을 등한시 하기도 하여 영적인 균형 감각을 잃어버리기도 하였다. 그러나 웨슬리는 사회적 책임에도 앞장서서 일한 사람이었다. 그 당시 노예 해방도 적극 주장하였고, 가난하고 어려운 자들을 돌보고, 그들의 필요를 채우기 위해 앞장서 노력한 영적인 균형이 잡힌 사람이었다. 그렇기에 웨슬리가 주장한 '그리스도인의 완전'의 개념은 기독교 신비주의자들이 강조했던 영적인 부분에만 치우친 개념이 아닌 것은 확실하다. 그는 [그리스도인의 완전에 대한 평이한 해설]이라는 책을 출판하며, '그리스도인의 완전'이 어떠한 것인지, 또한 이 세상에서 그 경험이 가능한 것임을 역설하였다. 포스트 코로나 시대에 좀처럼 힘을 내지 못하는 기독교에 다시금 성경이 말하는 그리스도인의 목표와 기준에 대한 정립과 추구가 필요하지 않을까? 시대가 바뀌어도 신앙의 진리는 불변하기에, 현대 그리스도인들이 무엇을 목표로 신앙을 추구하고 달려가야 하는지에 관한 분명한 푯대를 제시할 필요가 있기 때문이다.

 셋째, 체계적인 소그룹 운영을 통한 제자도의 실천을 들 수 있다. 소그룹의 중요성은 예수 그리스도의 제자로 세워지는데 필수적이다. 예수께서도 열둘을 부르시고 소그룹의 토양 안에서 그들을 훈련 시키셨다. 소그룹을 통하여 인격적인 대화가 가능하고, 훈련된 리더를 통하여 제자의 방향을 제시받고 평가받으며 격려받고 그 길을 걸어갈 수 있기 때문이다. 진정한 그리스도인의 교제가 소그룹에서 일어난다. 그런데 웨슬리는 여러 개의 소그룹을 체계적으로 조직하고 연결하여 한 사람이 어떠한 과정을 거쳐서 예수 그리스도의 성숙한 제자로 세워질 수 있는지를 실천하며 보여주었다. 이러한 소그룹의 운영을 통하여 메소디즘이 유지되었으며, 영국 전역과 미국에 영향을 끼치는 근대 복음주의의 문을 열 수 있었다. 예수의 제자가 될 수 있는 제자도의 내용이 체계적으로 녹아져 있는 소그룹의 조직과 운영이야말로, 오늘날 교회에 필요한 부분이 아닌가 싶다. 제자도의 핵심 내용이 부족한 제자훈련 프로그램은 결국 자신의 공동체에만 헌신하는 제자를 양성하며, 자칫 그리스도의 제자가 아닌 사람의 제자를 양성할 수 있는 허약함이 있다. 하지만, 웨슬리는 이러한 부분을 배제하고 무엇보다도 신앙의 체계를 인지하여 그 체계에 맞는 소그룹을 조직적으로 연결하였다는 것이 중요하다. 또한 그리스도인의 교제의 원형을 제시하고자 자신이 포함된 '선택자회'를 운영한 것은 오늘 이 시대에 꼭 필요한 부분이 아닌가 싶다. 영적 지도자에게도 자신의 영성을 유지하고 전파하는데 교제가 꼭 필요하기 때문이다. 오늘날 영적 지도자들이 누구와 교제하고, 제자 됨을 유지하고 있는가?

넷째, '한 책의 사람'이 되기 위해 노력한 점이다. 기독교 역사를 보면, 하나님은 교회가 힘을 잃고 타락할 때마다 교회를 일으키고 영적인 부흥을 경험케 하기 위하여 사람을 준비시키시고 하나의 'Movement'를 일으키셨다. 그런데 그때 하나님의 부흥을 위하여 준비된 자들은 늘 한결같이 성경을 강조하고, 성경으로 돌아가자는 운동을 일으켰다. 이미 고찰하였지만, 종교개혁의 가장 큰 의미 중에 하나가 성경을 번역하여 일반인들에게 돌려준 것이고, 경건주의 운동의 가장 큰 특징 중에 하나도 성경으로 돌아가자는 것이었다. 즉, 하나님의 말씀이 중심이 되고, 그 말씀이 기준이 되어 신앙의 삶에 나타나도록 하자는 것이다. 하나님의 말씀은 곧 하나님이시다. 현존하시는 하나님을 가장 먼저 만날 수 있는 통로가 성경의 말씀이다. 그런데 웨슬리는 평생의 소원이 하나님의 말씀인 성경과 하나 되기를 원하였다. 이것보다 예수 그리스도의 제자가 될 수 있는 더 효율적인 방법이 있겠는가? 그저 목표만이 아니라, 그것을 위해서 평생 노력한 사람이 웨슬리였다. 이러한 모습은 오늘날 교회에서도 적극적으로 필요한 부분이지 않은가? 많은 프로그램과 방법들이 난무하는 시대에서, 하나님의 말씀이 교과서가 되고 기준이 되며, 그 말씀대로 살려고 하는 몸부림이 있을 때, 다시 한번 교회는 회복되고 부흥을 경험할 수 있지 않을까? 사료된다.

제9장

떼제 공동체의 제자도와 현대적 실천

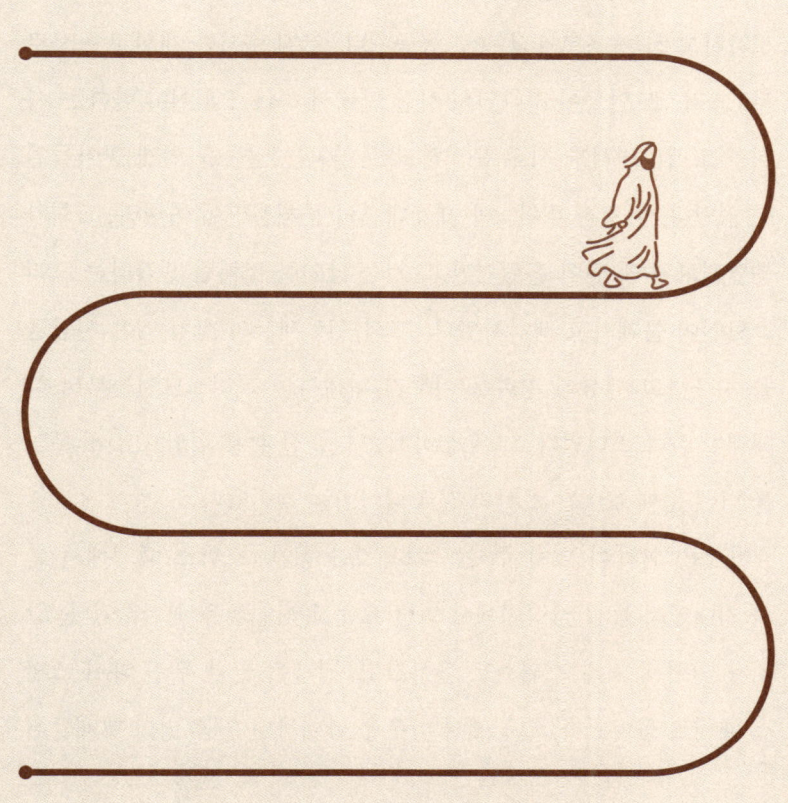

프랑스에 자리 잡고 있는 떼제 공동체는 2차 세계 대전 이후, 수사 로제 슈츠(Roger Schutz)에 의하여 시작되었다. 이 공동체는 개신교 여러 교파와 가톨릭 출신의 그리스도인들이 독신생활과 공동생활을 서약하고 사는 초교파적 수도 공동체다. 로제 수사는 개신교 목사로서, '그리스도인들이 하나님의 사랑 안에서 하나가 되어야 한다'는 사실을 고백하면서도 서로 불신하고 분열하는 일들을 쉽게 받아들일 수 없었다. 이것은 비단 2차 세계대전의 문제뿐만이 아니라, 교회가 분열되고 수백 년이 흘렀지만, 그것을 당연한 것처럼 생각하는 그리스도인이 문제라고 생각하였다. 그러므로 세상의 상처 입은 사람들을 치유하고 세상의 평화를 이루기 위해서는 그리스도인들부터 화해해야 한다고 믿었다. 그에게 화해는 단순한 관용 이상으로서, 분열을 넘어 눈에 보이는 일치의 길로 나아가는 것이었다.

이것을 위하여 로제 수사는 처음 2년 동안, 스위스 떼제에서 혼자 지내면서 독일 점령지에서 피난 오는 유대인들을 숨겨주었다. 그러다 위험에 처해 스위스로 돌아갔고, 전쟁이 끝날 무렵 다시 스위스 떼제로 돌아왔다. 그곳에서 마음을 함께하던 일곱 명의 형제들이

1949년 부활절에 종신 서약을 했다. 개인 소유가 없는 철저한 공동생활과 복음과 그리스도에 대한 사랑으로 몸과 마음 전부를 바치는 독신생활, 그리고 일치를 위한 원장의 직무를 인정하겠다는 내용이었다. 매일 함께 기도하고 일하면서, 서로 용서하고 화해하며 살아가는 공동체를 이루는 것, 이것이 떼제의 첫 형제들이 살아가려고 하는 소명이었다(신한열 수사, "떼제 이야기1" 주간기독교, 2022, 10,4). 다시 말하자면, 예수 그리스도의 가르침을 몸소 실천하여 용서와 화해가 있는 삶을 살아가기 위해 공동체를 시작하였다. 떼제 수사들은 스스로 '우리는 무엇하는 사람들인가?'라는 질문에, "우리는 하나님을 찾는 수도자다. 예수 그리스도의 삶과 인격에 반해 그분께 오롯한 사랑을 바쳤고 바치려는 사람들이다. 아무리 일이 많고 바빠도 종이 울리면 모든 것을 멈추고 교회로 가서 모두 함께 제단을 향해 앉아 하나님을 찬양하는 사람들이다."(신한열 수사, "떼제이야기2" 주간기독교 2022, 10,11)라고 고백한다. 그렇다! 떼제의 수사들은 예수 그리스도의 삶을 그대로 살아내려고 인생을 바친 자들이다. 그렇기에 제자도가 떼제 공동체의 존재 이유라고 할 수 있다.

1. 떼제 공동체 제자도의 특징들

1) 경청과 기도

일반적으로 기독교 사역자들은 하나님의 말씀을 선포하고, 말로써 사람들과 공감을 형성하여 관계를 만들며, 말로써 하나님의 위로를 전달하는 사람들이다. 그러나 자칫 잘못하면, 내 말 만 전달하고 상대방의 이야기를 경청하는 일을 소홀히 할 수 있다. 그때부터 사역은 효율성이 떨어지는 일방적인 사역이 되고 만다. 그러나 떼제 공동체는 이러한 부분을 주의 깊게 여겨, 예수님처럼 상대방을 존중하고 인정하며 서로 하나가 되기 위한 방법으로 상대방의 이야기를 경청하고 기도하며 관계를 형성하는 일을 중요하게 여긴다. 이러한 자세는 교회를 떠나는 서구의 청년들의 발걸음을 떼제로 옮기게 하였다. 교회에서는 청년들이 대거 떠나가는데, 왜 떼제 공동체에는 청년들이 몰려들었을까? 당시의 청년들은 전통과 권위를 거부하며 자신들만의 새로운 세계를 추구하기 원하였다. 그때 떼제 공동체 수사들은 그들을 비판하거나 외면하지 않고, 자신들만의 새로운 세계를 찾아 '투쟁'을 외치는 젊은이들의 소리를 경청하면서, 신앙의 원천인 기도와 성경 묵상으로 초대했다. 떼제의 수사들은 자신들이 '영적인 지도자'라고 생각하지 않고, '경청하는 사람'들이라고 자처한다. 경청하는 것은 수사들의 사역에서 큰 부분을 차지한다. 수사들은 젊은이들의 얘기를 주의 깊게 듣고 성급한 충고나 구체적인 조언을 주기보다, 그들 스스로 자신의 길을 찾아가도록 도와준다. 왜냐하면 수사들이 모든 문제의 해답을 갖고 있지도 않고, 어떤 모범 답안이 있는 것도 아니기 때문이다. 또한, 각자의 성장 배경이나 가족, 교회, 문화와 환경이 다르고 성격이나 기질이 다른 만큼, 모두에게 적용되는 획일적인 영적 지침이나 규율 등을 전달할 수 없다고 생각하기 때문이다. 그 대신 하나님과의 내밀한 인격적 관계를 더 깊이 하도록, 기도 안에서 자신을 더 잘 볼 수 있도록 돕는 역할을 하였다(신한열 수사, "떼제이야기 2" 주간기독교 2022, 10,11). 이것은 마치 예수께서 공생애를 사실 때, 세상이 거부하고 외면한 자들의 내면을 보시고, 그들을 찾아가서 이야기를 들어주시며 친구가 되어준 모습과 유사하다. 이러한 모습을 통하여 예수 그리스도가 없는 과격한 사회 참여, 현실을 외면한 정적주의, 내면으로만 들어가는 영성주의를 배제하고 성경적인 예수님을 따르기 위하여 떼제는 노력한다.

2) 삶의 지침으로서 산상수훈

제자도를 삶에 실천하며 살아가기를 원하는 사람들의 교과서라고 할 수 있는 내용이 복음서에 기록된 산상수훈이다. 예수께서 공생애를 시작하시며 처음으로 당신의 백성들에게 영적인 기준과 삶의 지침을 주신 것이 산상수훈이기 때문이다. 떼제 공동체 역시, 산상수훈을 삶의 지침으로 여기며 그것을 실천하기 위하여 노력한다. 로제 수사는 산상수훈의 팔복의 정신을 '기쁨', '단순 소박함', '자비심'이라는 세 단어로 요약했고, 이 세 가지는 서로 어우러져 떼제 공동체와 형제들 개개인이 살아가려는 삶의 지침이 되었다(신한열 수사, "떼제이야기3" 주간기독교, 2022, 10, 18. 아래 떼제 공동체가 강조하는 산상수훈 이야기는 여기서 참조하였다).

먼저, 복음은 기쁜 소식이다. 그러므로 복음 중심으로 산다는 것은 기쁨의 삶이다. 기쁨이 없다면 어떤 신앙생활도 의미가 없다. 하지만 이 기쁨은 억지로 자아낸 미소가 아니며, 현실을 초월한 사람이 가질 수 있는 태도도 아니다. 그리스도인은 자신과 주변, 세상의 아픔과 고통을 외면할 수 없기에, 복음의 기쁨은 고난과 '작은 죽음'을 겪은 뒤에 발견하는 부활의 기쁨, 변화산의 기쁨과 같다. 그러므로 떼제 공동체는 늘 많은 순례자를 맞이하고 젊은이 모임을 진행하기에 일이 많지만, 그럴수록 마음의 평화와 평온한 기쁨을 간직하고 전하려 노력한다.

여기에 단순 소박(simple)한 삶은 꼭 필요하다. 기쁨을 유지하기 위함이다. 떼제 공동체 구성원들은 가진 것이 거의 없이 소박하게 살기로 작정했고, 이 정신은 처음부터 지금까지 이어지고 있다. 이들은 '가난'이라는 말보다는 '단순 소박함'이라는 표현을 선호한다. 이것을 위해 떼제 공동체 구성원들은 기부나 헌금을 받지 않고, 스스로 일해서 번 것으로 살아간다. 또한 가족의 상속을 받게 되면, 공동체가 아닌 다른 사람을 위한 일에 바로 써버린다. 이렇게 살다 보면 가난해질 수 있다. 그러나 부자가 되거나 노동의 의미를 잃어버리는 것보다, 소박한 삶을 사는 것이 예수님을 따라가기에 합당한 삶의 모습이기에 이러한 삶을 유지하기 위해 노력한다. 단순 소박한 삶은 기도에도 영향을 끼친다. 떼제의 예배 방식은 끊임없이 단순화되었고, 기도문은 점점 짧아졌다. 로제 수사는 공동 기도에서 사람들이 어렵게 느

끼는 요소를 없애려 했다. 그는 너무 복잡하거나 긴 본문은 성령께서 기도를 통해 베풀어 주시는 사랑의 관계를 느끼지 못하게 할 수 있다고 생각했다. 세계적으로 널리 불리고 있는 떼제의 노래는 짧은 가사를 단순한 가락으로 반복해서 부른다. 이렇게 내용과 본질을 바꾸지 않으면서 신앙 표현을 최대한 단순하게 하는 특징이 떼제를 찾아오는 젊은이들에게 매력 있게 다가간다.

떼제 공동체의 단순 소박한 삶의 모습은, 공동생활에서 형제들이 서로 마음을 터놓고 사는 것에도 영향을 끼친다. 수사들은 각자 그리스도와 복음 때문에 공동체에 헌신한 것이지, 다른 지체들이 마음에 들어서 헌신한 것이 아니다. 그런데 가까이 살다 보면 사소한 말과 행동에서 상처를 주고받을 수도 있다. 이때 그들은 예수님이 제자들에게 자비에 대해 가르치신 것을 모든 형태의 공동생활에 길잡이로 삼는다. "너희의 아버지께서 자비로우신 것 같이, 너희도 자비로운 사람이 되어라… 남을 용서하여라. 그리하면 하나님께서도 너희를 용서하실 것이다. 남에게 주어라. 그리하면 하나님께서도 너희에게 주실 것이니…"(누가복음 6:36-38, 새번역) 이처럼 떼제 공동체는 산상수훈의 내용을 삶으로 실천하기 위한 노력이 있는 공동체이다.

3) 용서를 강조하는 삶

예수님을 닮아가려고 하는 사람들에게 있어서 용서는 필수적이다. 예수께서 지신 십자가는 하나님의 용서를 나타내는 표현이기 때문이다. 용서의 삶 없이는 진정한 제자도가 없다. 그러므로 떼제에서는 용서의 삶을 강조한다. 용서가 없으면 제자도를 실천하기 위한 공동생활은 불가능하기 때문이다. 잘못한 것을 용서하는 것도 필요하지만, 서로 다른 것을 용인하며, 형제를 있는 그대로 받아들이면서 용서의 범위를 확대해 간다. 특별히 사순절 동안에는, 반나절의 시간을 내어 하던 일을 멈추고 조용한 곳에서 묵상한 다음, 교회의 문을 닫아걸고 조용히 기도한다. 그때 형제들이 서로에게 용서를 청하고 용서를 베푸는 작은 의식을 행한다. 모두가 한 형제 한 형제에게 차례로 다가가 손바닥을 내밀어 상대가 그 위에 손가락으로 십(+) 자를 긋게 한다. 두 사람이 서로를 보면서 "저를 용서해 주세요," "주님이 당신을 용서하십니다"라는 말을 마음속으로 하는 가운데, 모두가 "주님의 자비를 영원히 노래하나이다"라는 떼제 노래를 부른다. 수천 개의 십자가가 형제들의 손바닥에 그려지는 것이다. 예수께서 명령하신 용서를 실천하기 위한 구체적인 노력을 실천하고 있는 것이다(신한열 수사, "떼제이야기4" 주간기독교, 2022, 11.8). 또한 원수를 사랑하는 것을 강조하고 가르치면서, 사랑의 실천이 극대화된다. 물론 이러한 실천은 어렵고 힘든 일이지만, 이것이 예수님의 제자가 되는 중요한 지침임을 잊지 않는다.

4) 일치와 조화

떼제 공동체는 그리스도인들이 일치하기를 추구하지만 획일성을 강요하지 않는다. 이것이 하나님 나라의 모습이기 대문이다. 일치가 획일화를 의미하는 것이 아니기에, 개인의 개성이나 자유를 억누르지 않고 끊임없이 새로움을 찾아 함께 만들어 간다. 바로 여기에서 각자가 가지고 있는 창의성이 발휘된다. 이러한 과정 안에서 공동체는 질서보다 조화를 중시하게 되며, 원장은 지체들 각자가 지닌 재능을 찾아내어 그것을 키우고 발휘하도록 격려하고, 각자 다른 지체들과의 조화, 또 전체 공동체의 조화를 늘 주의 깊게 살핀다. 사역에 있어서도 마찬가지다. 지체들 사이에 서열은 없다. 원장은 공동체의 머리가 아니며, 머리는 그리스도이시다. 원장은 지체들 한가운데 심장 같은 역할을 하며, 공동체 생활의 실제적인 면에서 방향을 제시하지만, 모든 중요한 결정을 내리기 전에 제체들의 의견을 먼저 듣는다. 수사들은 원장 역시 다른 형제들과 마찬가지로 연약한 인간임을 잊어서는 안 된다고 믿고 있기 때문이다(신한열 수사, '떼제이야기4' 주간기독교, 2022, 11.8). 이렇게 볼 때, 떼제 공동체는 일치와 조화라는 실질적이고 효율적인 공동체 생활을 통하여 개인만으로는 완성할 수 없는 제자의 삶을 완성해 간다고 할 수 있다.

5) 침묵의 훈련을 통한 복음적 삶의 실천

  예수 그리스도를 따라가며 그분을 닮아가는 방법 중에서 가장 중요한 것은 그분을 만나고 그분의 가르침대로 살아가기 위하여 노력하는 일이다. 그런데 예수님을 만날 수 있는 많은 방법 가운데 하나가 '세상과 잠시 단절하고 조용히 침묵하면서 주님을 기다리고 묵상하는 것'이다. 그리스도인에게 침묵은 주님을 만나고 교제할 수 있는 가장 중요한 방법이다. 성경에서도 하나님께서 당신의 사람들을 훈련시키실 때, 주로 광야에서 그들을 만나주시고 훈련시키셨다. 광야는 그 주된 의미가 '하나님의 말씀이 있는 곳'이다. 왜 그럴까? 광야는 세상과 단절된 곳이고, 자연스러운 침묵의 시간이 흘러 하나님을 요청하고 기다리는 장소이기 때문이다. 그런데 떼제 공동체는 이 침묵의 가치를 아는 공동체다. 침묵을 통하여 내면을 돌아보고, 잠잠히 하나님을 기다리고 만나는 시간을 갖기 때문이다. 떼제 공동체는 하루 세 차례, 떼제의 언덕에 종이 울리면 하던 일이나 성경 공부, 소그룹 대화를 멈추고 교회로 향한다. 그리고 예배 가운데 함께 오랫동안 침묵하는 시간이 있는데, 바로 공동 기도의 시간이다. 이 시간은 조용히 하나님을 만나는 중요한 시간이다. 떼제 공동체의 표현에 의하면, 이 시간은 말없이 하나님과 평화로운 친교를 나누는 시간이고, 마음을 차분하게 가라앉혀, 젖 떨어진 어린 아기가, 어미 품에 안긴 듯이, 울음을 멈추고 엄마의 품에 안겨 흐뭇히 하나님 안에서, '내 마음 평안합니다'라고 고백하는 시간이다. 이때는 아무 말도 없이, 어쩌면 아무 생각조차 없이 기도할 수 있다("침묵의 가치" 떼제의 편지, 2005,1,24. https://www.taize.fr/ko article1634.html). 그러나 떼제가 강조하는 침묵은 외적인 침묵이 아니라, 늘 번잡하고 때로는 혼돈으로 엉켜 있는 내면의 침묵이다. 이것은 훈련으로 가능하다. 결국 외적인 침묵의 시간이 내적인 침묵으로 연결될 때, 주님을 깊이 만날 수 있는 길이 열리게 되는 것이다.

2. 떼제 공동체가 제시한 제자도의 현대적 실천

1) 환대의 현대적 실천

떼제 공동체라는 단어를 떠올릴 때, 가장 먼저 떠오르는 단어가 '환대'이다. 즉, 어느 누구나 그 공동체에 오면 예수님이 보여주신 환대를 경험할 수 있기 때문이다. 탄압받고 죽음에 쫓기던 유대인이든, 한순간에 도망자가 된 독일 군인이든, 세상에서 더 이상 인정받지 못하는 어떠한 사람이든지 이 공동체 안에만 들어가면 한 인격체로서 존중을 받고 인정받으며 하나님의 환대를 경험하게 된다. 하나님이 차별 없이 세상을 사랑하는 사랑이 그 공동체 안에서 실현되어 사람을 세우고 살리는 역사가 펼쳐지는 것이다. 그렇기에 교회를 떠난 청년들도 권위 없이 그들을 존중해 주고 인정하며 환대해 주는 떼제로 모여들어, 청년들이 주류를 이루는 공동체가 되기도 하였다.

이러한 환대의 모습은 예배에서도 나타난다. 기독교의 예배는 기본적으로 자신의 존재가 있는 모습 그대로 하나님께 수용되는 경험을 전제로 한다. 우리의 모습 그 자체로는 하나님 앞에 나아갈 수 없는 요인들이 많지만, 그럼에도 불구하고 하나님의 용서와 용납으로 가능하게 되었다. 이것을 가장 현실적으로 실천하며 예배드리는 공동체가 떼제이다. 떼제 공동체의 예배 특징은, 각자가 처해있는 상황적인 요소를 뛰어넘어, 자신을 환대하시는 하나님의 사랑을 깊이 경험하는 시간이다. 왜냐하면 떼제의 수사들은 이곳에 모여든 사람들에게 어떤 기준이나 규율을 강조하기보다는, 그들의 소리를 경청하면서 신앙의 원천인 기도와 성경 묵상으로 초대하며 하나님의 환대를 경험할 수 있도록 도와주기 때문이다. 그렇기에 공동체에 모인 사람들이 자신의 있는 모습 그대로를 가지고 하나님께로 나아가기가 수월하게 되었다. 하나님이 환대하지 않으시면 예배의 자리에 설 수 없는 우리이기에, 예배에서 하나님의 환대를 경험하는 일은 무엇보다도 중요하다. 실제로 떼제 공동체의 예배 안에서는 다양한 언어로 드리는 찬양과 기도, 모두에게 열려있는 형태의 성찬, 다양한 인종과 배경을 가진 이들이 함께 드리는 예배의 경험 속에서 하나님의 환대를 충분히 경험할 수 있도록 해놓았다.

2) 초대 교회 삶의 모습의 현대적 실천

떼제 공동체의 모습을 한마디로 말하자면, 초대 교회의 예수 중심 공동체 모습을 재현한 것이라 할 수 있다. 떼제 공동체가 사람과 인종, 그리고 교파를 가리지 않고 서로 사랑하고 일치하려고 했던 모습은 초대 그리스도인들이 추구했던 공동체의 모습과 같기 때문이다. 이것이 가능한 까닭은 예수 그리스도가 가르쳐주신 복음의 내용과 산상수훈을 삶으로 실천하고 있기 때문이다. 앞에서 언급하였지만,

떼제 공동체는 산상수훈의 삶을 요약하여 실제로 그 내용대로 살아내려고 노력한다. 그런데 무엇보다도 '소박한 삶'의 실천은 떼제 공동체가 초대 교회의 모습을 닮아가며 산상수훈의 삶을 지속 가능하게 만들어 주는 가장 중요한 요인이 된다. 소박하게 살아가는 삶의 바탕에서 사랑과 용서와 포용과 환대가 가능하기 때문이다. 소박하게 살아가지 않으면, '영적 나그네'로서의 삶을 살아가기 어렵고, 탐욕과 욕심이 그리스도인의 삶을 망가뜨릴 수 있다. 떼제 공동체 구성원들은 재산을 상속받아 생기더라도 그것을 나누고 자신의 것으로 만들지 않기에, 비록 가진 것은 없지만, 예수님의 가르침대로 살아가기가 한결 수월했다. 이러한 모습은 초대 예루살렘 교회의 모습과 흡사하다. '유무상통'의 모습이 그 안에서 실현되었기 때문이다. 산상수훈의 내용을 현대적인 삶 속에서 실천하며 살아내는 떼제 공동체의 모습은 초대 교회의 모습이 오늘날에도 실현될 수 있다는 점에서 시사하는 바가 크다.

3) 일치와 조화의 현대적 실천

예수님은 제자들이 서로 사랑하기를 원하셨다. 서로 사랑하면, 그 안에서 하나가 될 수 있기 때문이다. 이때 경험하게 되는 하나 됨은 획일화된 하나가 아니라, 서로의 은사와 가치, 그리고 기질이 다름을 인정하면서도, 예수 안에서 하나 되는 일치를 의미한다. 예수님은 이것을 새계명이라 명명하시며, 당신을 따르는 제자들은 누구든지 실천해야만 함을 강조하셨다. 그러나 오늘날 그리스도인들은 '서로의 다름을 인정하면서, 어떻게 하나로 조화를 이룰 수 있는가?' '이것이 오늘날에도 가능한가?'라는 질문을 던질 수 있다. 예수님의 제자가 되기를 원한다면 당연히 해야 할 일이지만, 서로를 용납하고 하나가 되는 일이 말처럼 쉽지 않기에, 그저 목표로만 설정해 놓고 실천은 별개의 문제로 다룰 수 있기 때문이다. 하지만 떼제 공동체는 이것이 현대에도 가능함을 보여주었다. 서로 있는 모습 그대로를 인정하고, 서로를 사랑하는 마음으로 각자의 주장과 말을 진정으로 들어주고 공감하며, 그들이 가진 문제들을 그들 스스로 답을 찾아갈 수 있도록 기다리고 인도해 줌으로써 일치와 조화가 가능할 수 있도록 하였다. 그러나 무엇보다도 이것이 지속 가능할 수 있도록 해 준 요소는, '용서의 실천'이다. 떼제에서는 "원수도 사랑하라"는 성경의 가르침을 강조하고 실천함으로써, 이것이 환대와 수용과 용납이라는 주제들과 어우러져 현대 사회 속에서 '일치와 조화'가 지속 가능할 수 있음을 보여주었다.

3. 현대적 제자도 실천을 위한 제언

예수님이 말씀하신 제자도를 오늘날에 적용한다고 하였을 때, 여러 가지 질문을 가질 수 있다. '그것이 사회적 환경과 배경이 다른 오늘날 어떻게 적용되고 실천될 수 있을까?' '어떻게 예수님의 가르침의 본질적인 의미를 놓치지 않고 실천할 수 있을까?' '제자도가 기독교 신앙의 핵심이라면, 오늘날에도 교회는 그것을 강조하며 실천하고 있는가?' '제자도의 본질을 그대로 실천하는 모델은 찾아볼 수 없는가?' 등의 질문이다. 그런데 이와같은 질문에 답할 수 있는 모델 중에 하나가 떼제 공동체이다. 이미 앞에서 서술한 대로, 떼제 공동체는 현대에도 예수님의 가르침을 원색적으로 실천하며 살아가고 있기 때문이다. 그 결과, 오늘날에도 제자도를 원색적으로 실천하며 살아가는 것이 가능하며, 또 그러한 삶이 세상에 영향을 끼칠 수 있다는 사실에 안도감과 희망이 생겨난다.

그러나 주의 깊게 보아야 할 부분이 있다. 오늘날 이 시대에 제자도를 실천하기 위하여 '어떠한 고민이 있었는지?', 그리고 '어떠한 과정을 거쳐 오늘날 자리 잡게 되었는지?'를 알아야 하며, 일시적인 실천이 아닌, 지속 가능한 실천이 가능하기 위하여, 무엇을 강조해야 하는지도 발견해야 한다. 예를 들어, 떼제 공동체 - 그곳으로 모여든 사람들에게 하나님의 환대를 지속적으로 실천하며 영향을 끼칠 수 있도록 지탱했던 축은 사랑을 바탕으로 한 '용서의 실천'이라고 할 수 있다. 하나님께서 우리에게 그러하시듯, 서로를 용납하고 용서하는 모습 없이 환대의 실천은 일시적인 모습으로 끝날 수 있기 때문이다. 그러므로 사랑과 용서와 환대는 함께 가는 개념임을 알 수 있다. 또한 예수님의 제자도 실천을 위한 바탕으로서 '소박한 삶'을 추구한다는 것이 중요하다. 이 땅에 모든 죄와 타락은 욕심에 뿌리를 둔 탐심에 기인하기에, 청빈한 삶이 바탕이 될 때, 예수님의 가르침을 실천하기가 수월하기 때문이다.

그런데 바로 이 대목에서, 떼제 공동체 제자도의 현대적 실천에 대한 한계를 발견한다. 그들의 제자도 실천에 문제가 있다는 것이 아니라, 모든 그리스도인이 실천할 수 있는 대중적 모델과는 거리가 있기 때문이다. 모든 그리스도인이 제자도를 효율적으로 실천하기 위하여 재산을 포기하고 소박한 삶을 살아갈 수는 없기 때문이다. 또한 떼제 공동체가 세상 안에 존재하지만, 목표를 실천하기 위한 sect(분파)로서의 존재한다는 것 자체도 교회에 소속된 그리스도인으로 그대로 모방하기에는 한계가 있다. 그럼에도 불구하고, 현대에도 예수 그리스도의 제자도를 실천하며 세상에 영적 공동체의 모델을 제공하고 있다는 점은 매우 중요하다. 이제 세상 속에 있는 대중적 지역교회가 어떻게 예수 그리스도의 제자도를 온전히 실천할 수 있을 지는 우리 그리스도인들이 기도하며 만들어 가야 할 숙제이다.

제10장

예수원 공동체의 제자도와 현대적 실천

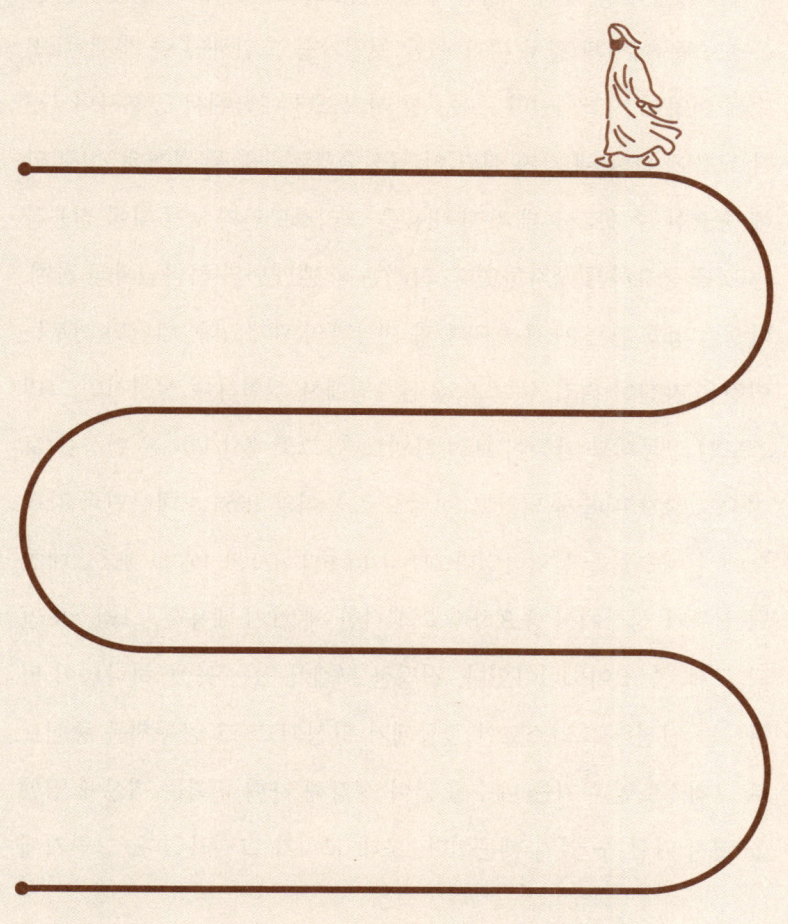

예수원은 세상 속에서 성경에 말하는 그리스도인들의 실제적인 삶을 모습을 어떻게 펼쳐 나가야 할 것인가를 고민하던 한 사제, 대천덕에 의하여 시작되었다. 그는 성 어거스틴 대학에서 공부하며, "신학 교육에 관한 세 가지 실험"이라는 주제로 논문을 썼는데, 성경 안에 중요한 주제로서 세 가지 내용을 그리스도인의 공동체에 적용하는 것을 중요하게 생각하였다. 그것은 학생 개인과 하나님과의 관계, 학생들 상호 간의 관계, 학생들과 세상과의 관계였다. 대천덕 신부는 이것을 자신이 직접 성 미가엘 신학원에서 실험하여 성경적인 그리스도인 공동체를 만들어 보려 하였으나, 그곳에서 별다른 반응을 보여주지 않자 떠나게 되었고, 한국으로 들어와 1965년 대한민국 강원도에서 예수원을 설립하였다(대천덕, [대천덕 자서전], 193-99. 참조). 대천덕 신부가 성경에서 중요하다고 생각한 세 가지 내용은, 그리스도인의 교제, 즉 코이노니아였다. 진정한 교제가 있는 곳에, 하나님이 원하시는 진정한 그리스도인 공동체가 형성되고, 그 공동체를 중심으로 그리스도인 각자는 예수를 닮아 성장해 가며 교회는 세상에 영향을 펼쳐 나갈 수 있기 때문이다. 초대 교회가 그러하였다. 그렇기에 대천덕 신부의 실험은 성경에 나타나 있는 진정한 교제를 중심으로 세워진 초대 교회의 모습이 오늘날에도 재현될 수 있는가를 증명해 보이고, 실제로 그렇게 살기를 원하였기 때문일 것이다. 바로 여기에서 예수원의 설립 정신과 제자도의 정신이 잇닿아 있다고 할 수 있다.

또한 공동체의 이름을 예수원(Jesus Abbey)으로 지은 것에서도 예수 중심의 공동체임을 드러난다. 대천덕 신부가 공동체의 이름을 예수원이라고 지은 이유는, 그리스도인들이 같은 규율 안에서 한곳에서 정착하여 생활할 것이므로 수도원(Abbey)라고 하였고, 이 집의 주인에 관한 논쟁의 소지를 사전에 예방하고자 '예수원'이라 하였다(현재인, [예수원 이야기] 서울: 홍성사, 1999. 15). 그러므로 예수원은 예수 중심의 신앙공동체이며, 예수를 따라가는 공동체, 그리고 예수를 닮아가기 위한 공동체임을 알 수 있다. 그렇기에 수련제도를 두어 설립목적에 맞는 사람들을 양성해 내고 있다. 수련제도의 첫 번째 1년 동안 진행되는 수련 과정의 목표는 "성숙한 그리스도인의 제자화"다. 예수원에서 예수 닮은 성숙한 제자를 만들어 내는 것을 첫 번째 수련의 목적으로 삼고 있는 것이다. 뿐만 아니라, 예수원에서는 2년 수련 과정도 운영하는데, 2년 수련 과정의 목표는 "능력 있는 공동체 사역자를 양성"하는 것이다. 2년의 수련의 과정이 끝나면 정회원으로 등록된다. 예수원은 이러한 수련제도를 통하여 정회원을 양성하며 예수원의 정신을 함께 공유하며 각자의 영역에서 사역하도록 한다(예수원 홈페이지- 프로그램 소개 참조. www.jabbey.org/).

1. 예수원 공동체 제자도의 특징

1) 삶의 일상에서의 일과 기도의 조화

예수원에서 기본일과는 "노동이 기도요, 기도가 노동이다"라는 성(聖)베네딕트 수도사의 가르침에 근거하여 기도와 노동을 중심으로 일상생활이 이루어진다. 여기서 노동이라는 것은 예수원에서 제시하는 노동이 있기는 하지만, 특별히 삶 속에서 제외할 수 없는 일상의 일을 의미한다. 그리스도인들이 세상 속에서 살아갈 때, 당연히 생존을 위해 일상의 일들을 행하며 살아가지만, 그것을 거룩하다거나 신앙의 연속이라고 생각하기 어렵다. 그러나 예수원에서는 노동과 기도의 훈련을 통하여 그리스도인의 평범한 일상의 삶이 신앙의 삶에서 벗어난 것이 아니라, 신앙의 연장선상임을 훈련한다. 이러한 훈련이야말로 일상의 삶 속에서 예수님을 따라가고 닮아가는 제자도가 효율적으로 실천될 수 있는 훈련이라고 할 수 있다. 예수원은 기도하는 집이라는 목적을 가지고 시작할 만큼, 기도의 삶을 중요하게 여기고 핵심적인 위치를 차지하고 있기에 이러한 훈련을 강조하는 것이다.

노동과 기도를 함께 훈련하는 또 다른 이유가 있다. 그것은 머리로만 알게 하는 지식 주입식 방식을 벗어나, 삶에서 몸으로 체득하여 세상을 섬길 수 있도록 하기 위함이다. 지식만으로 기독교의 지식을 습득한 자들은 서기관처럼 교만할 수 있지만, 육체의 노동을 함께하며 그 속에서 예수를 알아간 사람들은 세상의 가난하고 어려운 사람들의 마음을 알아 그들과 함께 할 수 있으며 서로를 섬길 수 있는 사람이 되기 때문이다. 그들은 자신의 유익을 위하여 사람을 이용하지 않는다. 그렇기에 바울도 천막 만드는 일을 손수하여 그것을 통하여 세상을 섬기는 일을 하였다. 예수께서도 제자들을 부르실 때, 주로 일하는 자들을 부르셨다. 제자들 가운데에는 어부들이 많았는데, 그들은 노동하는 자들이었으며, 예수님의 형제들도 모두 육체적인 노동을 하는 사람들이었다. 높은 자리에서 지식을 자랑하는 자를 부르지 않으셨다(대천덕 신부의 강연내용, 김경란, "예수원 설립자 대천덕 신부의 기독교 교육사상 연구" 백석대학교 박사학위 논문, 2019, 89-91 재인용). 그러므로 노동의 중요함을 아는 자들이 노동과 기도를 함께 훈련하여 일상의 삶의 영역에서 제자 됨을 추구할 때, 이웃을 사랑하고 세상을 섬길 수 있는 진정한 예수 닮은 자가 배출될 수 있다. 예수님의 제자들이 여기에 실제적인 예가 된다고 할 수 있다.

2) 그리스도인의 진정한 코이노니아

이미 앞에서 언급하였지만, 예수원이 시작된 가장 중요한 이유가 코이노니아를 향한 대천덕 신부의 실험 정신을 실천하기 위함이었다. 그것은 나와 하나님과의 관계, 그리스도인들과 하나님과의 관계,

그리고 그리스도 공동체와 세상과의 관계이다. 이것을 일반적인 기독교 언어로 서술하자면, 수직적인 코이노니아, 수평적인 코이노니아, 대사회적인 코이노니아라고 할 수 있다(하도균, "복음전도를 위한 교회의 공동체성 회복" [전도바이블] 서울: 소망, 2023. 254-60을 참조). 진정한 코이노니아는 하나님이 원하시는 공동체를 만들 수 있는 기본적인 요소이며, 그리스도인 개인과 공동체가 각각 어떻게 세상에 정체성을 가지고 효율적으로 자리매김하며 살아갈 수 있을지에 관한 답을 제시해 준다. 초대 교회가 이것을 통하여 기독교 공동체의 모델을 만들 수 있었다. 이것은 제자도와도 밀접한 관계를 가지고 있는 것으로, 예수님의 제자로 만들어져 가는 과정이 코이노니아를 통해서 이루어지며, 교회가 세상에 영향을 끼쳐 나가는 것도 그리스도 안에서 펼쳐지는 진정한 코이노니아를 통해서 가능하다.

대천덕 신부에게 첫 번째 범주의 코이노니아는 하나님과 개인의 인격적인 관계를 의미하는데, 이것은 율법의 대강령이라고 일컫는 '하나님 사랑과 이웃 사랑'을 실천하기 위한 것이다(대천덕, [나와 하나님] 서울 홍성사, 2004, 44). 이것을 위하여 대천덕 신부는 일 년 절기를 아홉 단계로 정리하여 구체적으로 설명하였다(여기에 대해서는, 대천덕, [대천덕 절기설교], 서울: 홍성사, 2006을 참조하라). 여기서 아홉 단계는 개인의 신앙 성장과 일치한다. 1단계는 대림절이다. 이 절기를 통하여 세상에 존재하는 개개인은, 자신의 힘으로 해결할 수 없는 문제 있는 자신을 발견하고 그것을 해결할 수 있는 구원자이신 메시아를 기다리는 단계이다. 2단계는 성탄절로서, 메시아를 기다린 사람들이 구주 되신 예수님의 탄생을 맞아 메시아를 만나고 기뻐하는 단계이다. 3단계는 주현절로서, 내가 만난 예수님의 기쁨을 세상에 전하는 단계이다. 4단계는 칠순 주일, 유순 주일이다. 이때는 그리스도인이 영적 전투를 하는 군사로 훈련되는 기간이다. 이 단계에서는 훈련의 고됨과 어려움으로 신앙의 이탈이 예상되기도 하는 단계이다. 5단계는 사순절이다. 이 단계에서는 이기적 신앙에만 머물러 있는 것에 대해 자책하고 회개한다. 또한 각 개인이 부여받은 삶의 십자가를 지고 고난의 길에 들어서기 위한 준비를 한다. 6단계는 수난절이다. 이 단계에서는 자아를 온전히 십자가에 못 박는 단계이다. 7단계는 부활절이다. 여기서는 자아가 십자가에서 온전히 해결되어 경험하게 되는 참 기쁨의 단계이며, 신앙 성숙의 단계이기도 하다. 8단계는 승천절이다. 여기에서는 40일 동안 예수님과 함께하는 체험적 신앙을 경험하며, 인격적인 유대관계가 형성되는 단계이다. 9단계는 오순절이다. 여기서는 성령 세례를 받는 단계로서, 각자에게 부여된 사명을 감당하기 위한 능력을 받는다.

　대천덕 신부에게 두 번째 범주의 코이노니아는, 위의 아홉 단계를 거친 그리스도인 각자가 하나가 되어 한 몸을 이루는 코이노니아다. 그는 현대 교회가 기도하는 것을 강조하기는 하지만, 성도들이 서로 교제하여 떡을 떼는 것을 중요하게 생각하지 않는 것에 대해서 문제의식을 가지고 있다. 이것이 가능해야 우리라는 공동체로 하나님과 관계성을 갖게 되기 때문이다. 그러므로 대천덕 신부는 예수원을 통하여 예수 그리스도의 몸된 공동체를 만들기 위해서 최선을 다하였다(대천덕, [우리와 하나님] 서울: 무실, 1993, 206-207).

마지막으로, 대천덕 신부에게 세 번째 범주의 코이노니아는 하나님의 교회와 세상과의 관계 훈련이다. 그는 사회의 빈곤과 불평등의 문제는 교회가 감당해야 할 기본 과제라고 하였다. 왜냐하면 성경은 경제적 평등과 사회적 정의에 대해 인류에게 제시된 어떠한 제도보다도 훨씬 구체적이고 특수한 처방을 담고 있기 때문이다. 그는 그 처방을 성경의 희년 법에서 찾았다. 실제로 그는 이 희년 법을 어떻게 실제화할 수 있을까를 고민하며 실천하려 하였다(대천덕, [기독교는 오늘을 위한 것], 서울: 홍성사, 2009, 181-83). 그러나 이 모든 코이노니아 범주를 가능하게 하는 것은 성령의 역사임을 강조하였다.

3) 성령의 역사를 강조

오늘날 예수를 따라가고 예수를 닮아가려는 제자에게 있어서 중요한 것 중에 하나가 성령의 역할이다. 아무리 이론적으로 제자도를 배우고 실천하려 하여도, 성령의 역사가 없이는 불가능하기 때문이다. 예수께서 성령을 보내주신 이유 중에 하나도, 예수께서 가르치시고 본을 보여주신 것을 세상에 실천하기 위한 능력이 필요했기 때문이다. 실제로 제자들도 성령이 오시고 나서, 예수께서 가르치신 것들이 내면화되고 그것을 실천할 수 있는 능력을 가질 수 있었다. 대천덕 신부는 이것을 알고 있었기에, 예수원에서 성령의 역사를 강조하며 성령과 함께 자신이 추구하는 일들을 실천해 나갔다. 대천덕 신부는 성령에 대해서, "성령은 인간과 상통하시는 하나님이시며 권능을 주시는 분이다. 성령은 우리로 하여금 하나님의 뜻을 알게 하고 실행하는 것을 가능케 한다… 때때로 우리는 자신이 실패자라는 사실을 깨닫게 되는데, 성령은 우리로 하여금 이러한 사실을 직시하게 하여 회개하는 것을 가능케 한다. 성경을 읽는 가운데 우리가 무엇을 해야 하며 무엇을 할 수 있는지에 관한 하나님의 말씀을 듣게 되지만, 성령이 없이는 그것은 실행할 수 없다…"라고 하였다(대천덕, 『대천덕 신부와의 대화: 기독교는 오늘을 위한 것』 (서울: 생명의 샘터, 1987, 55-56). 성령론에 관하여 대천덕 신부의 공헌은, 성령 사역을 신자와 관계하여 내적 사역과 외적 사역으로 나눈 것과 성령의 가장 핵심적인 사역을 코이노니아로 본 것이다(김동수, "대천덕 성령론의 특징과 공헌" [영산신학저널] 36, 2016, 103-105 참조).

예수원에서는 매년 봄과 가을 두 차례 '성령 세미나'를 개최한다. 예수원에서 진행하는 성령 세미나는 주제별 강의와 소그룹 모임, 죄고백과 안수기도 등으로 구성되는데, 여기에서는 '삼위 하나님의 사랑과 구원, 영원한 생명을 묵상하며, 성령 하나님의 각종 은사를 사모하고 안수기도를 통해 실제적인 은혜를 받는다"(대천덕, 『대천덕 자서전』 246-47). 대개 일주일 동안 진행되는데, 대천덕 신부는 성령론과 함께 코이노니아, 노동, 토지와 경제개념, 성경, 기도에 대한 자신의 응축된 관점을 설명하며, 이것을 통하여 정회원들과 훈련생들, 방문자들은 예수원의 정신을 함께 공유하고, 성령 세미나를 통해 얻은 내용을 사역에 적용하는 기회를 갖는다. 성령 세미나는 예수원의 정신이 다음 세대에 지속적으로 전수될 수 있도록 하는 중요한 프로그램이다.

4) 침묵과 예배의 생활화

이미 떼제 공동체의 제자도에서도 언급하였지만, 예수원에서도 침묵과 예배의 생활화를 강조한다. 즉 자신을 돌아보고 조용히 하나님을 만나는 침묵의 시간과, 삼위 하나님과 만날 수 있는 예배를 생활화하지 않고서는 제자도를 삶에서 실천하기 어렵기 때문이다. 예수원에서도 삼종(三鐘)이란 시간이 있다. 하루에 세 번, 종이 울리면, 하던 일을 멈추고 그 자리에서 하나님께 침묵으로 기도를 드려야 한다. 삼종은 매일 아침 6시, 정오 12시, 저녁 6시에 있다. 또한 예수원에서는 특별히 침묵을 지켜야 하는 시간이 있다. 소침묵(小沈默) 시간은 오후 1시부터 2시까지, 밤 9시부터 10시까지며, 작은 목소리로 필요한 말만 할 수 있고, 대침묵(大沈默) 시간은 밤 10시부터 다음 날 아침예배 전까지이며, 온전한 침묵 가운데 안식하거나 하나님과만 대화한다.

예수원은 아침 다섯 시에 기상하여, 다섯 시 반부터 한 시간 동안 아침 예배인 조도를 드린다. 그리고 매일 낮 열두 시에는 중보기도인

대도를 드린다. 이 대도 시간은 대기도실에서 인도자의 인도를 따라서 철저히 중보기도를 드린다. 나라와 세계를 위한 중보기도와 미리 제출한 기도 제목을 놓고 중보기도를 한다. 그리고 일곱 시 삼십 분부터 저녁 예배인 만도를 드린다. 예수원은 저녁 예배 형태가 정해져 있다. 월요일은 강의, 화요일은 찬양 예배, 수요일은 대만도, 목요일은 은사의 밤, 금요일은 구역예배, 토요일은 감사예배, 주일은 공동기도회로 이루어진다(예수원 홈페이지 참조. www.jabbey.org/).

2. 예수원 공동체가 제시한 제자도의 현대적 실천

1) 세속적인 사회 속에서 성경적인 코이노니아의 현대적 재현

예수원이 현대 그리스도인 공동체에게 도전을 주는 제자도의 실천 가운데 하나는, 세속적인 현대 사회에서도 초대 교회가 실현한 성경적인 코이노니아의 재현이 가능하다는 것이다. 실제로 제자도를 실천하는 과정속에서 코이노니아의 중요성은 많은 사람들이 알고 있지만, '오늘 같이 세속화된 사회와 4차 산업혁명과 기술이 발전된 시대에도 가능할 수 있을까'는 늘 질문되었던 부분이기도 하다. 그런데 예수원 공동체는 현대에도 성경적인 코이노니아가 가능하다는 것을 보여주었다. 물론 복잡한 세상과 떨어진 외진 곳에서 시작하였고, 일반적인 교회 공동체로서 시작한 것은 아니었으며, 세련된 프로그램보다는 성경적인 투박한 진리를 그대로 실천하고 적용하였지만, 그

럼에도 불구하고 영향력 있는 공동체로 자리매김하여 많은 그리스도인에게 영향을 끼치었다. 실제로 삶에서 지치고 힘든 그리스도인들이 예수원을 찾아 성경적인 코이노니아를 통하여 개인적으로 하나님과 만나고, 그것이 공동체로 이어져 공동체가 하나님 안에서 어떻게 교제하고 하나가 될 수 있는지를 경험하며, 또한 어떻게 사회에 영향력을 끼칠 수 있는 존재로 살아갈 수 있는가를 경험하고 도전받았기 때문이다. 그러므로 예수원은 오늘날에도 제자도의 실천이 가능하며, 제자도를 통하여 성경적인 건강한 그리스도인 공동체형성이 가능하다는 것을 보여주었다는 데 큰 의의가 있다.

2) 제자로서의 성장과 성숙을 위한 현대적 프로그램의 제시

제자로 성장하고 성숙하기 위해서는 예수께서 하신 말씀들을 떠올리며 삶 속에서 실천해야 한다. 그것을 위해서 성경 말씀의 강조가 필요하고, 기도가 필요하다. 그러나 이러한 제안은 상당히 추상적인 면이 있고 구체적이지 않다. 성경의 말씀이 너무 광범위하고, 어떠한 말씀을 붙잡고 실천해야 하며, 어떠한 단계를 거쳐야 하는지에 관한 기준도 없기 때문이다. 그런데 대천덕 신부는 기독교의 절기를 아홉 가지로 나누어 설명하며 그것을 개인의 신앙과 접목시켜서 어떻게 신앙 안에서 적용할 수 있는지를 제시하였다. 절기의 내용을 통하여 개인적으로 무엇을 결단하고 매듭을 지어야 하는지 제시하여 구체적으로 신앙이 성장하고 성숙할 수 있도록 돕는다. 기독교의 절기의

내용을 설명하고 제시하였다는 것이 현대적이라는 것은 아니다. 그 내용을 오늘날 그리스도인들이 어떻게 생각하여야 하고, 개인적으로 어떻게 적용해야 하는지를 구체적으로 제시하였다는 것이 중요하다. 그것도 현대 사회에서 기독교의 절기가 제자도와 관련하여 어떻게 실천될 수 있는지를 제시한 점이 중요하다. 실제로 아홉 절기들은 개인이 어떻게 신앙을 시작하고 어떠한 경험을 통하여 성숙해지며, 제자로 완성될 수 있는지를 담고 있는 하나의 중요한 틀이 되었다. 그러므로 예수원의 수련제도에서 첫 번째 1년 동안 진행되는 수련 과정의 목표, "성숙한 그리스도인의 제자화"가 가능할 수 있었다.

3) 성령 역사의 현대적 적용

예수원의 가장 큰 특징 가운데 하나는, 현대 사회에서 적절한 성령 역사의 강조를 통하여 이론적으로 배운 것들을 어떻게 실제 삶에서 경험할 수 있는가를 인도해 준다는 것이다. 아무리 많은 체계적인 이론과 적절한 프로그램을 제시하여도 성령의 역사 안에서 그것들을 체화하지 않으면, 개인의 예수 그리스도의 제자로서 성장하고 성숙하는데 한계가 있다. 그런데 예수원은 이론과 경험을 균형 있게 강조하여, 배운 것들을 성령의 역사 안에서 경험할 수 있는 기회를 제공함으로 균형 잡힌 제자도를 제시한다. 좋은 이론만으로 제자가 되는 것이 아니고, 성령의 역사를 강조한다고 제자가 되는 것도 아니다. 이 둘의 균형과 조화가 필요하다. 이것이 현대 사회가 요구하는 영성이기도 하고, 현대 교회에 필요한 부분이기도 하다. 그런데 예수원에서는 이러한 부분에서 현대 교회에 좋은 모델을 제시하고 있다는 점에서 의의가 있다. 또한 무신론적 지성주의가 판치고 있는 현대 사회에 점점 더 필요한 것은 체험적인 신앙인데, 체험만이 중요한 것이 아니라, 지식을 바탕으로 성령의 역사 안에서 기독교의 진리를 체험하게 하는 예수원의 영성이 이 시대에 더 필요하다고 할 수 있다.

4) 일상과 신앙적 삶의 일치의 현대적 실천

예수원에서 보여준 제자도의 인상적인 또 다른 내용은, 일상이 곧 신앙의 연속이 될 수 있도록 한 것이다. '노동이 곧 기도'라는 표어 아래서, 노동과 기도가 어떻게 연결될 수 있는가를 제시해 주었고, 이것은 일상의 삶이 어떻게 제자도의 실천의 장이 될 수 있는 제시한 것이라고 할 수 있다. 일반적으로 제자도는 교회나 일정한 시간을 내어서 훈련받고 실천하는 것으로 생각하기 쉽다. 그러나 그렇게 되면, 신앙과 일상적인 삶이 분리될 수 있다. 물론, 신앙의 뿌리 깊은 사람은 이러한 훈련 없이도 일상의 삶과 신앙을 분리하지 않을 수 있지만, 보통의 그리스도인들은 불가능하다. 아예 이러한 부분을 가르치지 않고, 신앙적인 부분만을 강조하는 단체도 많다. 그런데 예수원에서는 일상의 노동과 기도가 일치될 수 있도록 훈련시키며, 일상의 삶과 신앙이 분리되지 않도록 해주고 있는 점에서 큰 의의가 있다. 또한 노동의 중요성을 일깨워 예수님의 제자는 노동의 중요성을 아는 자여야 하고, 그것을 통하여 사람을 이용하지 않고 섬기며 사랑하는 사람으로 변화시키기 위해 노력하고 있는 점도 시사하는 바가 크다.

3. 현대적 제자도 실천을 위한 제언

현대 사회에 제자도를 강조하고 실천하고자 할 때, 무엇을 강조하고 어떠한 틀 안에서 제자도의 내용들을 제시해야 할지를 고민하는 그리스도인이 있다면 예수원은 좋은 대안이 될 수 있을 것이다. 왜냐하면 예수원은 설립자 대천덕 신부가 자신이 고민하였던 바, 곧 성경적인 코이노니아를 실험하며 실천하여 영향력 있는 공동체로 자리매김해 놓았기 때문이다. 이것이 지난번 살펴보았던 떼제 공동체와의 차이라면 차이일 수 있다. 떼제 공동체를 떠 올리면 가장 먼저 떠오르는 것이 '환대'일 수 있다면, 예수원을 떠올리면 가장 먼저 떠오르는 것이 '코이노니아'이기 때문이다. 그러나 또 하나 있다. 그것은 예수원의 대천덕 신부가 강조한 온전한 통전적 복음(whole Gospel)이다. 즉 그는 성령 운동과 함께 사회의 변화를 위해서 사회적 참여를 균형있게 강조하였다. 대천덕 신부는 만약 사회적인 복음(Social Gospel)과 성령 충만한 복음(Full Gospel)이 협력하기만 했다면, 역사상 가장 위대한 선교 운동뿐만 아니라 공의에 대한 성경적인 가르침이 세상에 널리 펼쳤을 것이라고 생각했다(대천덕, [신흥과 사회에 대한 성경의 가르침」] 서울: CUP, 1998, 52). 그럼에도 불구하고, 예수원 운동이 대중적이고 일반적인 교회 안에서 일어난 것이 아니라는 점을 인식한다. 그것은 예수원 역시 sect에 가까운 공동체로서 그 내용을 교회에 그대로 적용하기에는 한계가 있기 때문이다. 이렇게 볼 때, 오늘날에도 제자도가 영향력 있게 실천되고 운영되고 있는 공동체의 모델을 볼 수 있다는 점에 감사하지만, '어떻게 대중적인 교회 안에서 이것이 가능할 수 있도록 할 수 있는가'라는 숙제는 다시 우리에게 주어졌다. 이 숙제는 이러한 영향력 있는 기독교 공동체를 살펴보면서 하나씩 풀어가야 할 부분이다.

제11장

재세례파 후예들의 제자도와 현대적 의미

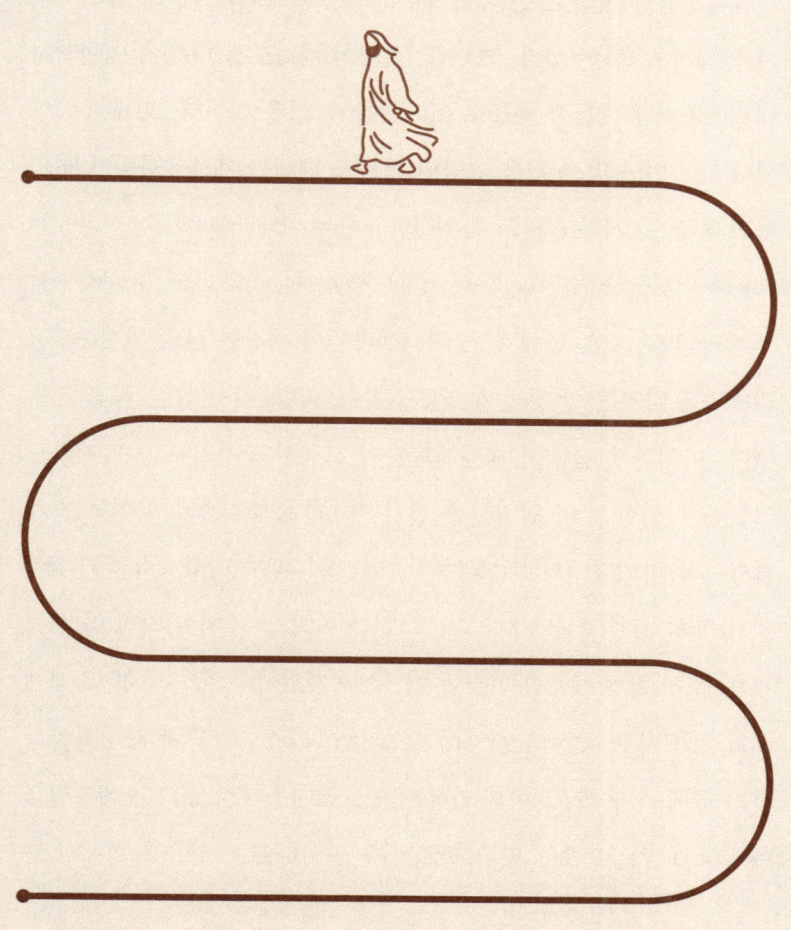

재세례파가 지니고 있는 제자도의 정신과 특징들에 대해서는 이미 앞에서 다룬 바 있다. 그런데, 현대의 제자도를 다룸에 있어서도 재세례파의 후예들을 빼놓고 이야기할 수 없을 것이다. 20세기 아나뱁티스트 연구의 큰 획을 그었던 헤롤드 벤더는 재세례파들에게 기독교 본질은 "제자도"라고 하였다(J. Lawrence Burkholder, "The Anabaptist Vision of Discipleship" The Recovery of the Anabaptist Vision, Herald Press: Scottdale, 1962. 135). 16세기 초 재세례파들이 주창한 삶의 원리는, "그리스도를 따르는 삶, 공동체, 안도, 겸손, 화합, 이웃 섬김, 복음증거"였다. 이러한 신념들이 재세례파만의 고유한 전유물이 아닐지라도 그들은 이러한 삶의 원칙들을 전인적이고 통합적으로 구현하는 체제를 구축하였다(데이비드 옥스버거, [아나뱁티스트의 3차원 영성 해부], 조계광 역, 서울: 생명의말씀사, 2007, 24). 그런데 이 일곱 가지 원리의 가장 큰 주축이, 첫 번째 예수를 따르는 삶, 즉 제자도이다. 그렇다면 왜 재세례파의 제자도 중심의 신앙이 오늘날 그리스도인들에게 시사하는 바가 클 수 있을까? 로마의 카톨릭과 프로테스탄트 교회는 예수님을 예배의 대상으로 초점 맞춤으로, 예수님을 따르는 일을 교회에서 분리시켜 나갔지만, 재세례파는 예수님을 따르는 것을 가장 중요한 목표로 삼음으로 오늘날 기독교 공동체가 어떻게 본질을 유지하고 발전시켜 나갈 수 있는지의 모습을 보여주기 때문이다(스튜어트 머레이, [이것이 아나뱁티스트다] 강현아 역, 서울: 대장간, 2014, 83). 그러므로 본 소고는 이러한 관점 아래서, 오늘날 세상에 영향력을 끼치고 있는 재세례파의 후예들 중 대표적인 그룹인 메노나이트 (Mennonites), 아미쉬(Amish), 후터라이트(Hutterites) 세 그룹을 중심으로 살펴보고자 한다.

1. 메노나이트 제자도의 특징

메노나이트는 북유럽의 종교개혁기에 형성된 재세례파의 가장 큰 분파로서, 박해를 피해 네덜란드, 북부 독일, 러시아로 퍼져 나갔으며, 신세계의 발견과 함께 북미주로 퍼져나갔다. 그들 가운데 1683년 펜실베니아로 이주한 사람들이 주류를 이룬다. 메노나이트라는 이름은 메노 시몬스(Menno Simons)라는 지도자의 이름에서 유래되었다. 메노는 네덜란드 출신으로서 16세에 재세례파로 들어와 흩어져 있던 재세례파 신자들을 조직하고 온건하게 인도하여 현재 재세례파 후예들 가운데 가장 큰 분파의 지도자가 되었다.

1) 예수 그리스도 중심의 성경해석

제자도의 교과서는 성경이다. 그 안에 예수 그리스도의 발자취와 흔적, 그리고 그분께서 가르치신 내용과 부탁이 모두 들어 있기 때문이다. 그러므로 성경에서 예수님의 흔적과 가르침을 얼마나 중요시하며, 어떻게 해석하는지가 제자도의 관건이라고 할 수 있다. 메노는 성경을 해석하는 가장 중요한 원칙으로 예수 그리스도 중심의 성경해석을 주장하였다. 즉, 제자도 우선성을 강조한 것이다. 예수 그리스도 중심의 성경 해석은 메노의 글 전반에서 분명하게 드러나는데, 그의 모든 글은 "어느 누구도 다른 기초를 세울 수 없으니, 곧 그리스도시라(고전 3:11)"는 말로 시작된다.(Abram Klassen, "The Bible in the Mennonite Brethren Church," Direction. A Mennonite Brethren Forum, 2/2(1973), 38.) 또한 메노는 "성서 전체가 우리를 그리스도에게도 인도하지 않는가? 우리가 그분의 이름으로 세례받지 않았다면, 어떻게 우리가 그분의 음성을 듣고 말씀에 순종할 수 있겠는가?"라고 말하며 예수 그리스도 중심을 강조하였다(Menno Simons, The Complete Writings of Menno Simons(1496-1561). Ed. by J. C. Wenger & Tr. by L. Verduin. Scottdale: Herald Press, 1956, 127). 이러한 점에서 메노는 루터의 성경 해석과 크게 다르지 않다. 루터의 성경 해석학 특징도 그리스도 중심성인데, 루터의 "그리스도가 성서의 왕이시다"(christus Regnum Scriptura)는 말이 그의 성경관을 잘 표현해 준다. 그러나 메노의 예수 그리스도 중심성은 성서 전체가 예수 그리스도에 관해 말하고 있다는 의미만은 아니며, 예수 그리스도가 성서 전체의 가장 충실한 해석자이기에, 우리는 그의 말씀만 들어야 하며, 모든 일에서 그분만 따라야 한다고 주장한 것이다. 이런 관점에서 종교개혁자들은 예수 그리스도 중심성에 충실하지 못하다고 생각하였다. 이를 위해 메노와 그의 추종자들은 성경을 해석할 때, 예수 그리스도가 구약성서에 적용하면서 보여주었던 해석 방법을 따르는 것을 보다 중요한 것으로 보았다. 이런 이유로 재세례파의 성경 해석에는 종종 알레고리 해석 방법이 사용되기도 했다. 알레고리 해석을 경멸했던 루터와 달리, 메노는 구약성서의 이미지를 상당히 자유롭게 다루었다. 메노의 그리스도 중심성은 그리스도의 말씀과 그의 모범이 다른 모든 성서 구절보다 훨씬 중요하다는 사실에 반영되어 있다. 모든 종교개혁자들이 성서 이해에서 모종의 전(前) 이해를 가지고 있었지만, 메노의 경우 그러한 전 이해는 무엇보다 그리스도 중심의 실존적 계시, 즉 철저한 복음으로의 회심에 기초한 것이었다(Menno Simons, The Complete Writings of Menno Simons, 77 참조). 그러므로 회심의 표징이라고 할 수 있는 세례를 기점으로 남은 생애는 예수님만을 따르겠다는 결단이 이미 그들 안에 세워져 있는 것이다.

2) 제자도의 삶의 실천으로서 평화주의

메노나이트가 제세례파의 다른 후예들보다 더욱 강조하는 것이 평화주의적인 삶이다. 메노나이트 신도들은 "모든 그리스도인이 평화를 위해서 일하도록 부름을 받았다"라고 생각하며, 문화와 종교를 초월하여 분쟁을 조정하고 구제 활동을 열심히 감당한다. 이들에게 평화란 산상수훈의 가르침을 실천하기 위한 중요한 요소로 생각한다. 바로 여기에서 현대 제자도의 실천적인 삶으로서 평화주의적 요소를 발견할 수 있다.

재세례파의 거의 모든 후예들이 평화를 강조하지만, 평화를 특별히 메노나이트의 특징으로 내 세울 수 있는 이유는 극단적 재세례파 주의자였던 뮌스터의 폭력적인 천년왕국 사건과 관련이 있다. 뮌스터의 폭력적인 천년왕국 운동은 불행한 결말로 끝나게 되었는데, 메노는 이 사건을 계기로 온건하고 평화주의적인 새로운 지도력으로 재세례파를 이끌며 예수님을 본받기 위해 평화를 강조하였다. 뮌스터의 폭력으로 재세례파가 엄청난 비난과 불신에 직면하게 되었을 때, 메노는 예수님의 가르침에 따라 철저한 비폭력적 평화주의에서 재세례파의 새로운 활로를 찾았던 것이다. 평화 운동은 칸트에 의하여 근대 평화 사상이 나오기 300년 전의 일이었다. 평화란 단어가 원래 복음의 핵심 단어이며, 예수 가르침의 핵심이었기 때문이다. 오늘날 메노나이트가 평화를 이유로 병역을 거부하거나 전쟁에 나가지 않는 모습이 부정적으로 보여질 수 있는데, 이것은 옳고 그름을 떠나서 재세례파의 역사적 사실을 고려하여 해석하여야 할 것이다. 즉, 폭력적 방법으로 하나님 나라를 오게 하려던 뮌스터를 메노가 강력하게 비판하고 더 적극적인 평화의 실천을 강조하면서 검을 쓰지 않는, 싸우지 않는, 그렇기에 전쟁을 거부하는 행위까지 이어졌다는 것을 고려해야 한다. 메노는 기독교 진리의 핵심은 칼의 도가 아니라,

십자가의 도라는 점을 강조하며, 평화주의적인 삶의 실천이 예수의 가르침을 쫓는 것임을 주장하였다(Harold Bender ed. Menno Simon's Life and Writings, Scottdale: Mennonite Publishing House, 1958, 90-91).

이러한 메노나이트의 평화주의적 사상은 오늘까지 전승되어 1995년 7월에 채택된 메노나이트 신앙고백서에서 동일하게 강조되고 있다. "우리는 예수 그리스도를 따르는 사람들로서 예수의 평화와 정의 사역에 참여한다. 우리를 불러 평화를 조성하고 정의를 추구함에 복이 있음을 알게 하셨다… 우리는 그리스도의 제자들로서 전쟁을 준비하지 않으며 전쟁 행위와 군 복무에 가담하지 않는다…"(메노나이트 신앙고백 편찬위원회, [메노나이트 신앙고백], 서울: KAP, 2007, 146).

2. 아미쉬 제자도의 특징

아미쉬는 메노나이트에서 떨어져 나온 집단으로서, 1693년, 스위스 메노나이트였던 야콥 암만이 규율을 어긴 사람들에 대한 징계 문제와 관련하여 메노나이트가 순수성을 잃어버려가고 있다고 비판하며 새로운 공동체를 만든 데서 시작되었다. 아미쉬는 메노나이트에 비해 보수적이며 공동체 중심의 생활을 중시하고 현대문명과 고등교육을 거부하며 사회와 거리를 두고 있다. 반면, 메노나이트는 다소 진보적 경향을 띠며 고등교육을 허용하고 기술 문명을 수용해 일반 사람들과 소통을 더 많이 하려고 노력하는 편이다. 그러나 아미쉬와 메노나이트는 역사적으로 같은 근원을 가지고 있어 서로 다른 점보다는 같은 점을 더 많이 가지고 있다.

1) 조건 없는 용서의 삶

재세례파의 후예들 가운데 용서를 가장 잘 실천하는 사람들은 아미쉬일 것이다. 그들은 문명을 거부하고 전통적 생활양식을 고집하며 용서를 신앙의 의무로 삼는다. 예수께서 가르쳐 주신 기도에 나타난 "우리가 우리에게 죄지은 자를 사하여 준 것같이 우리 죄를 사하여 주옵시고"의 내용을 그대로 지켜 내려고 노력하는 것이다. 그 한 사례로서, 2006년 10월 2일 펜실베이니아 주 랭커스터 총격 사건이 이를 잘 보여주고 있다. 그들은 자녀들의 목숨을 앗아간 범인에게 즉각적이고도 조건 없는 용서를 하였고, 범인의 집을 찾아가 그 아내와 가족들을 위로했으며 살인범의 장례식에도 참석했다. 이어 남은 가족들의 생계를 위해 성금까지 모아 전달했다. 슬픔이 아무리 깊어도 원한을 품지 않는 것이 아미쉬의 신앙 전통이라고 한다. 그들이 핍박과 고난의 삶을 통해 배운 것은 용서가 남을 위한 것이 아니라, 스스로의 아픔을 이기는 최선의 치유책이라는 것을 알고 평소에 실천해 왔기에, 엄청난 사건 앞에서도 당황하지 않고 온 세상 사람들에게 행동으로 보여주었다(임세근, [단순하고 소박한 삶: 아미쉬로부터 배운다], 서울: 리수. 2009, 5). 아미쉬는 믿음이 곧 실천이라는, 행동하는 믿음을 몸으로 살아내고 있는 것이다. 그러나 그들은 용서는 하지만 결코 잊지 않는다(Forgiven, but Unforgotten). 평화주의적인 삶과 사랑의 실천, 그리고 적극적인 용서의 실천이란 행동들이 연결되어 있고 동전의 양면과 같이 서로 긴밀한 관계를 가지고 있는 것이다.

2) 십자가를 지는 삶 – 세상과 분리된 삶

아미쉬는 재세례파 후예들 가운데 가장 보수적인 단체라고 할 수 있다. 그렇기에 이들은 성경에 나타난 예수님의 가르침을 거의 문자 그대로 지키려 노력한다. 그 가운데 하나로서, 아미쉬는 외부의 조건에 의존하지 않고 스스로의 생활양식을 통해 세상과 분리된 삶을 살아가려 한다. "너희는 이 세대를 본받지 말고…"(롬12:2)의 말씀대로, 그리스도인은 생각과 모양과 행동과 삶의 모든 분야가 세상의 것과 달라야 한다고 생각한다. 또한 세상과 분리되어 신앙의 실천적 삶을 사는 것이 하나님과 교회에 대한 사랑이 어떠한지를 보여주는 것이며, 그러한 존중이 마음의 자유, 생각의 평안 그리고 깨끗한 양심을 만들어 낸다고 생각하였다(존A 호스테틀러, [아미쉬 사회], 서울: 생각과 사람들, 2013, 459). 더 나아가 아미쉬들은 스스로의 한계를 설정하고 그것을 지키는 것이 그리스도인답게 사는 것이고, 스스로 세상에 살면서 자기 십자가를 지는 행위라고 생각했다(민디 스탄스 클락, [아미쉬 생활에 대한 작은 안내서], 생각과 사람들, 2015, 44). 스스로 한계 있는 삶을 살면서 제한되고 다소 힘든 삶을 살 수 있지만, 이것이 개인의 자유와 선택 그리고 자기표현을 감소시킬 수는 있어도, 현대 생활이 제공하는 여러 가지 끊임없는 선택들보다 개인들에게 존엄성과 안정성을 준다고 믿는다.

그 실례로, 아미쉬 사람들이 자동차 소유를 금지하는 것은 차가 나빠서가 아니라, 자동차의 편리함이 공동체의 결속을 깨뜨리고 도시 소비문화를 급속하게 유입시켜 사람을 타락시킬 수 있다고 믿기 때문이다. 전화를 사용하지만, 집 밖에 두는 이유는 대화는 얼굴을 마주 보며 마음을 전달하는 것이라고 생각하기에, 꼭 필요하고 응급한 일에만 사용한다. 밤에는 등불을 켜고 여전히 말과 쟁기로 밭을 갈고 마차를 타고 다닌다. 미국 땅에서 살지만, 대부분 농사를 생업으로 삼고 비료나 농약을 쓰지 않는다. 그들에게 현대문명은 인간성을 파괴하고 예수님을 따르는데 방해가 될 뿐이다. 그리고 느리고 단순하게 사는 삶이 얼마나 중요한지를 현대 사회에 보여주고 있는 것이다.

3. 후터라이트 제자도의 특징

후터라이트는 모라비아(Moravia, 현재의 체코) 지방에 정착한 재세례파 그룹 중 하나이다. 모라비아 지방은 종교적인 박해가 비교적 덜해 재세례파 등 소종파들이 집단으로 이주해 와서 살고 있었다. 후터라이트란 이 그룹의 지도자 야콥 후터(Jacob Hutter)의 이름에서 기인하였다. 후터는 모라비아 지역의 기독교인 그룹을 철저하게 신약성서의 사도적 전통에 따라 재조직하여 지상에서 하나님 나라를 이루고

자 하였다. 그는 이 소망을 이루기 위한 하나의 방편으로 공동체 구성원들끼리 모든 소유를 공동으로 소유하는 이른바 공산(communal) 사회를 설계하였다. 후터파 형제단은 종교개혁 이후 오늘날까지도 초기 그들의 이상을 포기하지 않고 그 명맥을 유지 발전시켜 오고 있을 뿐만 아니라, 그 이상 가운데 공산적인 삶의 양식은 오히려 초기보다 더욱 엄격하게 유지되어 오고 있다

1) 제자도에 기반한 그리스도인 공동체 형성

재세례파의 각 공동체는 신약성서의 사도적 교회를 지상에 건설하려는 희망을 각자 공유했지만, 그 희망을 실현하기 위한 방식에서 서로 각기 달랐다. 후터라이트는 공동체 구성원들 간에 사유재산을 인정하지 않고 모든 소유를 공동으로 소유하여 생활하는 이른바 공산(communism)사회를 지향했다는 점에서 여타 다른 그룹들과 구분된다. 이 일을 실천함에 있어, 특별히 산상수훈은 그들 생활의 교본이나 다름없었으며, 복음서에 나타난 예수님의 가르침 모두가 그들에게 가장 큰 지침이었다. 지도자였던 스태들러는, 성경대로 서로를 사랑하며 자기를 굴복하여 재산을 서로 공유하고 상부상조하는 공산적인 공동체야말로 지상에서 참다운 교회라고 주장하였다(Ulrich Stadler, "The Living and Written Word," Walter Klaassen, ed. Anabaptism in Outline, Scottdale, PA: Herald Press, 1981, 107). 진심으로 후터라이트는 참되고 순수한 교회를 이 지상에서 어떻게 세울 수 있을 것인가에 모든

노력을 집중하였고, 이것을 위한 사적 소유의 포기와 공산적인 삶은 하나님 왕국에 전제조건이 되었다(David Bagchi and David C. Steinmetz, The Cambridge Companion to Reformation Theology, New York, NY: Cambridge University Press, 2004, 208-210 참조).

　후터라이트가 이렇게 노력하였던 이유는, 하나님 나라가 먼 미래에 다가올 것으로 여기지 않고, 자신들의 삶과 공동체 안에서 현실로 가시화될 수 있다고 믿었기 때문이다. 그러므로 그들은 불가시적 교회보다는 가시적 교회를 강조하였다. 참다운 교회란 가시적이야 하며 가시적이야 할 필요가 있다. 그들은 제도권 교회가 실천하는 성례전의 올바른 시행을 통해서가 아니라, 나눔과 연대를 전제로 형성된 공산적인 삶이야말로 진정한 가시적 교회의 증거라고 주장하였다. 이렇게 볼 때, 후터라이트가 신약성경, 즉 산상수훈과 예수님의 가르침에 기반하여 완성하려고 하였던 공동체는 오늘날에도 제자도를 중심으로 그리스도인의 온전한 공동체가 형성될 수 있음을 보여준 것이라 할 수 있다.

2) 그리스도인 공동체를 지탱하는 제자도적 요소들
　후터라이트가 지향하는 그리스도인 공동체가 아무리 훌륭하고 성경적이며, 오늘날 이 세상에서 하나님 나라를 보여줄 수 있는 모습을 지니고 있다고 하여도, 그것을 이루어갈 수 있는 내부적인 힘이 없다면 불가능하다. 그렇다면 후터라이트가 초대교회 그리스도인들처럼 모든 것을 함께 공유하고 나누며 사용할 수 있었던 힘은 어디서 왔을까? 프리드만은 후터파 지도자들의 글들과 그리고 순교 당했던 다수의 후터파 형제들의 신앙고백문들을 검토한 결과 후터파를 결속시키고 그 정신을 실천할 수 있도록 도왔던 공동체의 기본 정신을 다음의 세 가지로 설명하였다(Robert Friedmann, "The Hutterian Brethren," Guy F. Hershberger, ed. The Recovery of the Anabaptist Vision, Scotdale, Pennsylvania: Herald Press, 1957, 86-89 참조). 첫째, 후터라이트들이 보여주는 실천적 사랑이었다. 예수께서는 제자들에게 서로 사랑하고 말씀하시면서, 서로 사랑할 때 세상이 너희가 내 제자인 줄 알게 된다고 하셨다. 후터라이트는 이 말씀을 그들의 삶에 실제로 적용하며 살려고 노력하였다. 후터는 기독교적인 사랑에 기초한 공동체의 나눔과 연대는 후터파의 존망이 걸린 가치로 간주하였다. 그래서 형제단을 하나의 대가족으로 간주하고 모든 재화와 물건들을 함께 나누어 사용하도록 하였다. "사랑은 완전을 이루는 끈(tie)이다…사랑이 있는 곳에 완벽한 나눔이 있을 뿐이지 결코 자기 소유란 있을 수 없다"(Guy F. Hershberger, ed. The Recovery of the Anabaptist Vision, 85에서 재인용)고 하였다. 둘째는 자기 포기이다. 이것은 예수께서 자기 십자가를 지고 예수님을 따르라는 말과 일맥상통하는 실천이다. 왜냐하면 자기 포기란 하나님의 뜻에 전적으로 순종하기 위하여 일체의 이기심과 자신의 의지까지도 내려놓음을 의미하기 때문이다. 실제로 '자기 포기'의 정신은 후터라이트를 형성하는 설립 정신과도 같은 것이었다.

그렇기에 그들은 진정한 예수님의 제자가 되기 위하여 모든 사적인 재산은 마땅히 포기해야 한다고 가르쳤다(Guy F. Hershberger, ed. The Recovery of the Anabaptist Vision, 87에서 재인용). 이미 이러한 설립 정신에 동의하여 형성된 공동체이기에, 자기의 것을 내려놓고 포기하는 일은 당연히 실천되어야 할 행위로 간주되었다. 셋째는 하나님 명령에 대한 철저한 복종이었다. 이것은 진정한 예수의 제자가 되기 위하여 자기 포기를 결정한 자들에게 당연히 따라오는 결과라고 할 수 있다. 진정한 제자도의 삶은 하나님의 뜻에 완전히 굴복할 때 가능한 것이다.

4. 오늘날 제자도 실천을 위한 제언

이상에서 재세례파 후예들의 제자도의 실천적 모습을 살펴보았다. 현대의 제자도를 다루면서, 세상에 큰 영향력을 끼치고 있는 교회들, 제자훈련을 체계적으로 실천하고 있는 교회들, 그리고 영향력 있는 선교단체들 보다, 재세례파의 후예들을 다룬 이유는 그들의 출발이 제자도의 온전한 실천에 있기 때문이다. 예수님의 제자도를 중요하게 생각하는 것과 제자도를 주요 프로그램으로 실천하는 것도 중요하지만, 제자도 그 자체를 실천하기 위하여 공동체가 시작되고 그것에 올인(All-In)한 것과는 차이가 있다. 그러므로 제자도의 정신을 현대에 맞게 적용하고 실천하려고 하는 재세례파 후예들의 삶과 신앙이 당연히 조명되어 현대에 제자도가 어떻게 실천되어질 수 있을까를 함께 고민해 보아야 할 것이다. 물론 재세례파의 후예들의 삶과 신앙에 섹트(Sect)적인 모습이 나타나고, 문명을 거부하는 극단적인 모습이 있기는 하지만, 그 후예들의 그룹 중에 하나를 택하는 것이 아니라, 그 주류 그룹 모두를 살펴보아 특징적이고 모범적인 요소들을 찾아내어 종합한다면, 오늘날 이 시대에 걸맞는 제자도의 공동체를 만들어낼 수 있지 않을까 꿈을 꿔본다. 아니 그것이 안된다고 할지라도, 어떻게 제자도를 실천하고 적용할 수 있을지에 관한 노하우를 얻을 수 있지 않을까? 이미 고찰한대로, 메노나이트들이 예수님을 중심으로 성경을 읽고 해석하려는 모습은, 이것의 한계가 있다고 할지라도 예수님을 따르고자 하는 사람들이 성경을 대하는 기본 자세가 되어야 하지 않을까? 예수께서 가르치시고 펼쳐 나가기를 원하셨던 평화를 실천하고 만들어 가는 삶, 용서하는 삶의 모습, 세상과 분리된 삶에서 신앙을 지키고 예수를 따라가려고 하는 모습이 모두 합쳐진다면, 오늘날 그리스도인의 공동체가 어떻게 제자도를 자신의 신앙과 삶 속에서 실천하며 예수를 따라가고 닮아갈 수 있는지 답을 줄 수 있지 않을까 생각한다.

　이미 언급하였지만, 카톨릭과 개신교회는 예수 그리스도가 예배의 대상임을 부각시키며 예배에 초점을 두었기에, 상대적으로 제자도에 대한 강조가 뚜렷이 드러나지 못한 것이 사실이다. 교회마다 제자도를 강조하고 제자훈련을 시키고 있다고 할지라도, 그것을 신앙의 핵심 가치로 내세우고 실천하는 공동체와는 차이가 날 수밖에 없다는 것이다. 제자도를 핵심 가치로 초점을 맞추고 그리스도인 공동체에 필요한 모든 실천들을 하나씩 확대하여 그 실천을 펼쳐갈 수 있다면 그 공동체는 갱신되고 세상에 선한 영향력을 더 크게 펼쳐갈 수 있을까? 하지만, 이미 살펴보았듯이, 이러한 모토를 가지고 출발한 여러 그리스도인 공동체들이 한계를 가지고 섹트(Sect)화 되어간 것은 다시금 마음속에 새겨 두어야 할 것이다.

제12장

제자도의 현대적 실천을 위한 제언들

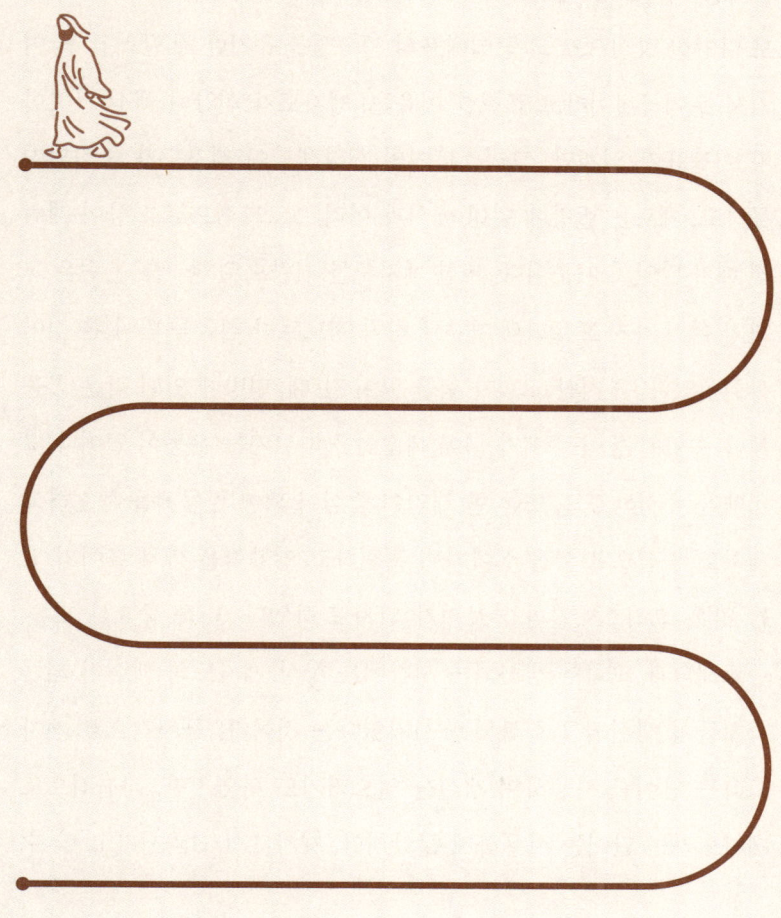

지난 기독교 20세기 동안, 제자도는 여러 우여곡절(迂餘曲折) 속에도 다양한 방식으로 그 중심내용의 연속성을 유지한 채 달려왔다. 여기서 우여곡절이라고 표현한 이유는, 제자도가 신앙의 핵심 가치이자 이정표가 되지만, 그리스도인의 신앙생활이 제자도가 중심되지 못하고, 때로는 변방에 밀려 예식과 여러 프로그램으로 신앙이 채워진 때가 많았기 때문이다. 또한 제자도를 기반으로 한 제자훈련은 교회의 여러 가지 프로그램 가운데 하나 정도로만 취급을 받아 온 것이 사실이었다. 하지만 교회가 힘을 잃어 갈 때, 변방에 있던 작은 공동체나 수도원 등이 주체가 되어 예수님을 따르자는 운동이 일어나 그 명맥을 유지하였고, 또는 한 개인이 중심이 되어 공동체를 형성하고 제자도 중심으로 삶을 살아가며 훈련하고 영향력을 끼쳐 흩어져 있는 많은 그리스도인의 본보기가 되기도 하였다. 더욱 중요한 것은, 종교개혁과 교회가 갱신되는 시간에는 항상 제자도의 핵심이 되는 가치들이 갱신되고 회복되는 시기였다는 것이다. 구체적으로 제자도라는 단어를 사용하며 갱신을 일으키기도 하였지만, 직접적으로 제자도라는 단어는 사용하지 않았지만, 제자도의 교과서라고 할 수 있는 성경을 강조하고 다시 성경으로 돌아가는 운동이 함께 일어났다는 점을 주목하여야 한다. 성경을 강조하고 가까이하게 되면, 자연스럽게 신앙의 중심인 예수 그리스도를 강조하고 예수를 되찾을 수 있기 때문이다. 예식도 중요하고 의례도 중요하지만, 그 중심은 예수 그리스도가 되어야 한다.

그렇다면 현대를 살아가는 그리스도인들에게 제자도를 어떻게 강조하며 실천하도록 해야하는가? 교회를 포함한 그리스도인들의 공동체는 어떻게 제자도를 중심으로 사역을 펼쳐 나갈 수 있을까? 기독교 공동체의 프로그램과 예배는 제자도가 중심되어 진행할 수 없는가? 이를 위하여 몇 가지 중요한 제언들을 하고자 한다.

1. 제자도의 개념과 중요성에 관한 교육을 강화하라.

실제로 현대 그리스도인에게 제자도에 관한 중요성과 그 필요를 교육하는 것이 가장 먼저 필요하다. 제자도란 제자가 되는 핵심 가치, 내용, 또는 제자가 되는 길을 의미하기도 한다. 그런데 이것이 중요한 것은, 예수님을 따라가고 예수님을 닮아가는 것이 신앙의 출발이고 목적이며, 최종 목표가 되기 때문이다. 예수께서 "나를 따라 오너라"라고 불러 주셨기에 그 소명을 따라 신앙이 출발할 수 있었고, 먼저 신앙의 길을 앞서가셨기에 우리가 그분을 따라 신앙이 성장할 수 있었으며, 이 과정을 거치며 예수님을 닮아 그리스도의 장성한 분량에 이르기까지 다다를 수 있는 것이 아닌가? 바로 이것이 제자도의 핵심 내용이다. 예수님의 소명을 따라 신앙이 시작되고, 예수님을 따라가며 신앙이 성장하고, 온전히 예수님을 닮는 데까지 다다르는 것 말이다. 바로 이러한 기본적인 교육이 먼저 현대 그리스도인에게 선행되어야 한다. 그래서 그리스도인의 신앙에 있어서 제자도가 얼마나 중요한 기준이 되는지를 가르쳐 주어야 한다. 또한 '제자', '제자도', '제자훈련'의 관계도 혼용되어 사용하지 않도록 교육이 필요하다. 이미 첫 번째 호에서 다루었지만, 명확한 개념의 정의가 필요하다. 흔히 '제자도'를 '제자훈련'과 같은 의미로 사용하기도 하고 '제자'와 '제자도'를 혼용하여 사용하기도 한다. 그런데 '제자'는 '제자도'를 통하여 완성될 수 있기에, '제자도'는 '제자'가 될 수 있는 청사진이라고 할 수 있다. 청사진, 설계도가 없이 온전한 제자가 될 수 없다. 그러므로 '제자도'란 예수님을 따라가는 제자들이 예수님을 닮기 위하여, 성숙을 위하여, 달려가야 할 길이라고도 표현할 수 있다. 제자가 되기 위한 길은 예수님을 닮는 길이고, 그것은 신앙의 성숙이라는 어구로 바꾸어 표현할 수 있다. 다만, 예수를 온전히 따르기 위하여 스스로 져야 할 십자가는 시대적으로 그리고 각 개인의 삶의 방식에 따라 다를 수 있기에 제자훈련의 내용은 실천적인 면에 있어서 시대마다 다소 다를 수 있고 개인마다 차이가 날 수 있다. 그리스도인 각자 온전한 제자가 되기 위하여 대항하여 싸워야 할 것들이 다를 수 있기 때문이다. 그러므로 제자훈련은 제자도의 내용을 구체적으로 실천하기 위한 훈련이라고 할 수 있다. 이렇게 볼 때, 제자훈련은 교회 성장을 위한 방편이 아니라, 제자도를 실천하고 현재화하기 위한 체계적인 프로그램이며 신앙 성장을 위한 핵심 체계라고 할 수 있다.

2. 제자도를 위해 필요한 십자가를 제시하라

예수님을 따르며 제자도를 실천하며 신앙생활을 하기 위해서 필연적인 것은 예수께서 지신 십자가를 나도 역시 져야 한다는 사실이다. 그래야 예수님을 따라갈 수 있다. 제자란 세상에 살고 있지만, 세상과 다른 하나님 나라 백성의 정체성을 가지고 살아가는 사람들이다. 그렇기에 세상과 다른 삶의 방식과 기준을 가지고 있다. 이것이 그리스도인이 세상을 살아가며 져야 할 가장 기본적인 십자가라고 할 수 있다. 그렇다면 오늘날 그리스도인들이 예수님을 따르기 위해서 져야 할 십자가가 무엇인가? 존스토트는 88세에 서술한 [제자도]라는 책에서, 현대 그리스도인들이 제자가 되기 위하여 가져야 할 주제를 말하였는데, 그 첫 번째가 '불순응'이었다(존 스토트. [제자도] 김명희 역, 서울: IVP, 2012, 1장 참조). 즉, 세상에 존재해 있지만, 세상에 순응해서만 살아가는 존재는 제자가 아니라는 것이다. 그렇다고 제자는 세상에서 도피하여 거룩을 보존하려고만 해서도 안 되고, 세상에 순응하여 거룩함을 희생시켜서도 안 된다는 것이다. 또한 세상의 여론의 세찬 돌풍에 맞서서 계곡의 바위처럼 흔들리지 않는 존재가 되어야 함을 강조하였다. 이것이 그리스도인이 현대 세상에 살면서 져야 할 십자가이다. 세상을 맞선다는 것이 얼마나 큰 십자가인가?

필자는 이것을 빌립보서 4장 5-8절에 근거하여 다음과 같이 정리하고 싶다. 첫째, 하나님과 동등 됨을 포기하시고 자기를 비우신 '자기 포기', 둘째, 종의 형체를 가져 사람의 모양으로 나타나신 '자기 동화', 셋째, 십자가에서 죽으심으로 보여주신 '자기희생'이다. 바울은 빌립보서에서 예수님의 마음과 자세를 구체적으로 언급하고 있는데, 이것이야말로 예수께서 세상을 구원하시기 위하여 지셨던 십자가를 상세하게 나타내고 있다. 십자가의 죽으심 만이 십자가가 아니라, 하늘의 보좌를 떠나서 세상에 내려오신 것부터 '자기 포기'라는 십자가를 경험하신 것이다. 또한 나를 포기해야 세상을 구할 수 있기 때문이다. 이것은 오늘날에도 그리스도인들에게 가장 중요한 십자가로 인식되어야 한다. 나를 위해서 사는 존재가 그리스도인이 아니다. 예수님처럼 세상을 구원하고 세우며 하나님 나라를 위해 살아가는 존재가 그리스도인임을 인식해야 한다. 이러한 예수님의 모습을 따를 수 없다면 기독교는 나의 복과 형통, 성공만을 추구하는 기형적인 단체가 되어버릴 수 있다. 진정한 제자도는 자기 포기에서부터 시작된다고 할 수 있다. 예수님의 제자들도 예수님의 부르심에 배와 그물을 버려 두고 쫓았다. '자기 동화' 역시 중요하다. 그리스도인들이 진정 예수님을 따르기 원한다면, 세상과 하나가 되시기 위하여 모진 고난을 당하시고 간고를 알고 질고를 겪으신 분이라는 것을 알아야 한다. 세상의 모든 사람들이 고통과 아픔과 고난 가운데서 살아가기 때문이다. 그들과 하나가 되셨기에 그들의 눈물을 알고, 그들의 아픔을 아시며, 그들의 어려움을 아셔서 진정한 우리의 메시아가 되신 것이다. 그러므로 제자도를 강조한다는 것은 세상을 도피하여 거룩을 유지하라는 말이 아니다. 진정으로 예수님을 따르는 자들은 세상을 사랑하고 세상과 하나가 되기 위하여 노력하며 세상의 아픔과 눈물을 함께 아는 자들이다. '자기희생'은 십자가의 마지막이다. 이것이 가능한 것은 내 힘으로 하는 것이 아니라, 성령 안에서 주께서 도우시기에 가능하다. 또한 죽음으로 끝나는 것이 아니라, 죽음으로 부활을 경험케 하시기에 가능하다. 이러한 예수님의 모습을 따라가지 않고는 제자도의 실천은 그저 하나의 지식을 흉내 내는 것에 불과할 수 있다.

3. 균형 있는 제자도의 실천을 위한 환대, 용서, 평화, 가난한 자를 강조하라

현대사회에 가장 필요한 주제가 환대와 용서와 평화이다. 물론 어느 시대든지 필요한 주제들이었지만, 코비드의 팬데믹 시대와 4차 산업혁명, AI 시대를 지나며 인간성 회복이라는 이슈가 종종 등장하였고, 서로 사랑하고 용서하는 주제도 강조되고 있다. 또한 곳곳에서 전쟁이 끊이지 않는 상황에서 평화라는 주제는 중요한 주제로 다가

온다. 바로 이러한 시대에 그리스도인들이 환대와 용서와 평화를 실천하며 살아갈 수 있다면 얼마나 이 시대에 필요한 그리스도인으로 자리매김할 수 있을까? 그런데 이는 시대가 필요로 하기 때문에 이러한 주제들을 제자도에 담아야 한다는 것이 아니다. 예수께서 하나님의 환대를 세상에서 실천하셨기 때문이고, 용서를 강조하며 평화를 명령하셨기 때문이다. 예수께서는 산상수훈에서 그리스도인들은 화평케 하는 자가 되어야 한다고 말씀하셨다. 또한 이미 역사적 고찰을 통하여 살펴보았듯이, 재세례파의 후예들이 오늘날에도 제자도라는 핵심 가치를 급진적으로 실천하며 용서와 평화를 강조하고 세상에 영향을 끼치고 있다. 또한 떼제 공동체가 기독교 사랑의 구체적인 실천적 내용으로 환대를 강조하면서 세상의 다양한 인종과 종파의 사람들과 하나가 되며 제자도를 영향력 있게 펼쳐 나가고 있다. 흔히 복음주의에서는 이러한 주제들이 중요하기는 하지만, 탐탁치 않게 여겨질 수도 있다. 용서와 평화, 환대라는 주제들은 진보적인 신학자들이 선점하여 기독교 윤리적으로 먼저 다루어 왔기 때문이다. 그러나 이 주제들은 예수께서 보여주시고 말씀하신 핵심 내용들임을 인식해야 한다. 그렇기에 제자도의 중요한 내용이 되어야 한다는 것이다. 필요에 의해서 선택되어지는 내용이 되어서는 안된다. 스탠리 하우어워스는 교회가 사회를 향하여 무엇이어야 하는가에 관심을 갖았고, 제자도 안에서 복음의 사회적 증인됨을 강조하였다. 이것은 교회 안에서만 그리스도인으로 사는 것이 아니라 공적 광장에 나가서도 그리스도인으로 살아야 한다는 '공적 제자도'(public discipleship)와 닮아있다(조해룡, "공적 제자도를 이루는 생태학적-선교적 교회론: 하워드 스나이더의 교회론을 중심으로." [선교신학] 제43권 2016, 221-263 참조)

또한 가난한 자들을 위한 배려와 그들을 위한 구체적인 사랑의 실천이 제자도에서 강조되어야 한다. 가난한 자들 역시 하나님의 형상과 모습대로 지음을 받은 하나님의 자녀들이기 때문이다. 예수께서도 이를 위하여 여러 번 강조하시며 말씀하셨다. 선한 사마리아인의 비유를 보면, 비유의 말미에 "너도 가서 이와 같이 하라"고 말씀하심으로 하나님의 백성들이 이 땅에서 어떻게 살아가야 하는지를 보여주셨다. 제자도는 개인 내면적 영성의 성장에만 초점이 있는 것이 아니다. 예수님을 닮아간다면, 그러한 나를 통하여 세상도 변화되어야 한다. 이것이 제자도의 균형이다. 개인의 내면적 영성에만 초점을 맞추는 것이 아닌, 사회적 영성에도 초점을 맞추어 세상에 함께 살고 있는 다른 사람들을 사랑하고 긍휼히 여기며, 세상의 문제에 관심을 갖고 내가 할 수 있는 실천을 삶으로 살아내야 하는 것이다. 성경은 "너희가 가난한 자의 경영을 부끄럽게 하나 오직 여호와는 그 피난처가 되시도다"(시 14:6)라고 말한다. 예수님은 그 시대에 가난한 자들과 궁핍한 자들을 찾아가시며 돌봐주셨다. 그러므로 예수님을 따르려고 하는 자들은 가난한 자들의 친구가 되어야 한다. 가난한 자의 친구는 하나님의 친구가 된다(스티브 & 로이스 레이비 편저, [21세기 제자도] 서울: 복있는 사람, 2007, 415).

4. 하나님 나라에 집중하는 공동체적 제자도를 강조하라

위에서 잠시 언급하였지만, 제자도는 개인 신앙의 성장과 성숙에만 초점이 맞추어져 있는 것이 아니다. 궁극적으로 하나님 나라에 초점이 맞추어져 있다. 예수께서 하나님 나라를 선포하셨고, 그 나라를 완성해 가기를 원하셨기 때문이다. 그러므로 예수님을 따르려고 하는 자들은 예수님처럼 하나님 나라에 초점을 맞추어야 한다. 하나님의 자녀들이 중심이 되는 공동체와 그 공동체를 중심으로 확장되어지는 하나님 나라를 바라보며 하나님 나라가 완성되어 가기를 소망해야 한다. 예수님이 제자들을 떠나 아버지께로 가시면 제자들의 응집력이 와해 될 수 있었다. 또한 제자들의 개인주의가 하나 됨을 무너뜨릴 수도 있었다. 그런데 초대교회 시대로 넘어가면서 그와 반대되는 일이 일어났다. 제자들의 숫자는 크게 늘어났고, 그들은 이전보다 더 하나가 되었고 결집되었으며, 그리스도의 몸으로서 공동체가 되었다. 성령의 강림하심으로 제자들은 예수님의 가르치심대로 서로를 사랑하고 공동체를 위해서 헌신할 수 있는 동력을 얻게 되었으며, 성령 안에서 예수님의 가르침을 실천할 수 있는 장이 마련되었다. 공동체를 통하여 하나님 나라를 경험하고 확장할 수 있는 기반이 마련된 것이다. 하나님 나라가 시작된 곳에 하나님 나라가 확장될 동력이 주어진다. 하나님의 주권과 통치를 경험한 공동체의 구성원들이 힘을 얻고 입을 열어 복음을 선포할 수 있기 때문이다. 하나님 나라의 확장은 이러한 복음 전도를 통하여 실제적으로 이루어진다. 초대교회는 공동체가 중심이 되어 열정적인 복음 전도를 펼쳐 나갔으며, 그 결과 주께서 날마다 구원받는 자들을 더하셨고, 하나님 나라는 확장되어 나갔다. 이것이 초대교회 제자도에서 가장 중요한 특징이었다. 오늘날 기독교 공동체는 이러한 초대교회 제자도의 모습을 회복하고 강화해야 한다. 초대교회를 중심으로 하나님 나라가 경험되고 확장된 모델을 재현하여야 한다. 만약 제자도가 개인 중심으로 흘러간다면, 제자도와 제자 훈련은 기독교 엘리트주의로 변질될 우려가 다분하다. 이것은 제자도의 본질이 무엇인지를 제대로 알지 못하여 생겨난 일이다. 이렇게 볼 때, 초대교회의 공동체 중심의 제자도는 오늘날 현대 기독교 공동체에 시사하는 바가 크다.

5. 말씀 중심의 소그룹과 성만찬의 강조를 통하여 예수 그리스도를 기억하게 하라

코로나 이후, 위기를 경험하고 있는 한국 교회는 교회로 돌아오지 않는 가나안 성도 때문에 고민이 크다. 코로나가 지나면 돌아오리라 생각했던 성도들이 가나안 성도로 전락하여 인터넷이나 광야교회(이 교회 저 교회 떠돌아다니는 성도) 안에 머물러 있기 때문이다. 또한 교회 안에서도 명목상의 신자가 늘어나고 있다. 왜 이러한 결과를 초래한 것일까? 교회가 성장에 초점을 맞추고 달려온 결과가 아닐까? 그 결과 제자도를 중심으로 한 제자화가 효율적이지 못하였다. 어떻게 해야 하나? 다시 말씀 중심의 사역, 말씀 안에서 자연스럽게 예수님의 제자가 되도록 돕는 사역이 강화되어야 하며, 예수님을 따르고 닮아갈 수 있는 실천의 장(場)으로서 소그룹을 강화시키는 사역이 시급하다고 할 것이다.

성만찬은 그 자체가 예수 그리스도를 기억하고 행하신 일들을 마음속에 새기며, 특별히 세상의 구원을 위하여 예수께서 어떠한 희생을 치루셨는지를 상기시켜서 기독교가 어떠한 종교이고 어떻게 나가야 할지를 가르쳐 준다. 그러므로 성만찬의 강화는 기독교의 정체성을 강화시키고 제자도를 활성화시킨다. 그러므로 현대 기독교 공동체가 성만찬을 강조한다면, 다시금 기독교 신앙이 예수께 초점이 맞춰지게 하며 기독교의 뿌리를 강화시켜 주고 성도들을 하나로 묶어주는 역할을 경험할 수 있을 것이다. 예수 그리스도의 죽음을 기억하며 감사함으로 받는 떡과 잔은 우리로 하여금 그리스도와 하나 됨을 확인시켜주고, 구원받은 모든 지체를 한 몸으로 묶는 데 중요한 기능을 하기 때문이다. 여기에 기독교 공동체의 원천이 있고, 활동의 근원이 있다. 그러므로 기독교 공동체는 이것을 강화하여 처음 교회를 이 세상에 존재하게 한 이유를 기억해야 한다(알리스터 맥그라스, [종교개혁시대의 영성], 박규태 역, 서울: 좋은씨앗, 2010. 99).

6. 건강한 제자도를 위한 지침을 준수하라

제자도를 강조하며 제자 훈련을 사역의 핵심 가치로 여기고 활동하는 교회들과 단체들이 많이 있지만, 기대한 만큼 영향력을 끼치지 못하는 이유가 어디에 있을까? 가장 중요한 것은, 제자도를 기반으로 하는 훈련에서 연약한 인간의 모습이 극복되지 않기 때문에 종종 무너지기 때문이다. 그렇다면 어떻게 극복해야 할까? 첫째, 제자도 안에 있는 지배구조를 무너뜨려야 한다. 제자도는 학습과 배움의 내용을 담고 있기에 지배구조가 쉽게 형성될 수 있다. 왜냐하면 제자도를 이끌어가는 지도자가 권위와 지배구조를 가지그 훈련생을 대하기 쉽기 때문이다. 그 순간, 그리스도를 닮아가는 제자를 만들기보다는, 지배구조 아래서 지도자만 바라보는 훈련생의 어려움이 제자화를 힘들고 지치게 하며 고달프게 느껴지도록 하기 십상이다. 제자화를 이끌어 가는 지도자는 제자도의 지침과 노하우를 조심스럽게 전달하고 점검할 뿐, 그것을 지키 삶으로 살아내는 것은 온전히 훈련생의 몫이 되어야 한다. 둘째, 예수를 닮은 제자를 만들어 내는 것이 제자화의 목적이지만, 지도자나, 인간적인 스승의 복제품이 될 가능성이 많다는 것이 문제이다. 물론 바울도 "나를 본받으라"고 말했지만, 그것은 자신처럼 피나는 노력으로 자신을 쳐서 굴복해 가며 예수님의 제자로서 온전히 서라는 의미지, 결코 바울을 그대로 따라하라는 의미는 의미가 아니다. 그러나 인간의 연약함 때문에, 제자화의 길에서 지도하는 자가 먼저 걸어간 길만을 제시하며 그것만이 예수님의 제자가 되는 길인 양 자신을 닮은 복제품을 만들 수 있다. 또한 배우려는 자도 눈앞에 보이지 않는 예수님보다는, 그 예수님을 따라간 지도자를 보고 닮는 것이 더 편하고 안전할 수 있다는 유혹이 있음을 인지해야 한다. 이 둘의 욕망이 합을 이룰 때, 제자도는 망가지게 되어 있다. 그러므로 지도자는 자신이 경험보다는, 말씀을 중심으로 예수님을 따라갈 수 있도록 도와주어야 하며, 배우려는 자도 지도자의 지침을 준수하되 그 안에서 발견되는 예수님에게 초점을 맞추고 놓치지 말아야 한다. 셋째, 정해진 제자화의 시간이 끝난 뒤, 건강한 파송이 필요하다. 일반적으로, 지도자가 자신의 노력과 시간을 투자해서 세운 제자를 건강하게 파송하기가 쉽지 않다. 왜냐하면 다른 곳으로 파송하기보다는 자신의 곁에 두고 함께 사역하고픈 욕심이 생기기 때문이다. 물론 함께 사역한다고 잘못된 것은 아니지만, 예수님의 모범을 따르고 싶다면 과감하게 다른 곳으로 파송하여야 한다. 그 제자가 파송된 곳에서 그는 또 다른 제자를 만들기 위해서 노력할 것이며 그 과정을 통하여 제자로서 완성을 이루어 갈 것이기 때문이다. 이제는 배운 내용을 삶으로 살아내며 온전한 제자로 세워지는 시간이 필요하다. 그것이 하나님과 나 사이에 홀로서기 시간과 같다. 파송된 곳에서 탑 리더의 역할을 감당하며 지도자의 심정을 알아가고, 예수님의 심정을 헤아려 닮아갈 수 있다.

7. 제자는 성장한다는 사실을 인지하고, 사랑이 제자도를 완성함을 명심하라.

제자도에 기반을 두고 진행하는 제자 훈련의 문제점 중에 하나는, 정해진 기간 안에 제자를 만들어 내려고 한다는 점이다. 이러한 생각은 너무 위험하다. 어떻게 예수님도 하지 못한 일을 하려고 하는가? 예수께서도 제자를 부르시고 만드시기 위해 3년 반이라는 시간이 필요했다. 그것도 온전히 제자들과 함께 먹고 생활을 하시며 일체가 된 시간이었다. 그럼에도 불구하고 제자들은 십자가를 지시는 예수님을 두고 모두 도망갔으며, 베드로는 세 번이나 예수님을 부인하였다. 이것만을 놓고 보자면, 제자화는 실패한 것처럼 보인다. 예수님의 십자가 앞에서 모두 도망갔기 때문이다. 그러나 부활하신 예수님은 사랑을 가지고 제자들을 다시 찾아가셨으며 그들을 회복시켜 주셨다. 이제 제자들은 예수님의 십자가와 부활을 모두 경험한 자들이 되었다. 그런데도 제자들은 또다시 고기를 잡는 어부로 돌아갔다(요 21장). 도무지 이해되지 않는 내용이다. 예수님의 십자가와 부활 사건을 모두 경험하고도 어떻게 다시 처음 위치로 되돌아갈 수 있다는 말인가? 그러나 자세히 보면, 그들은 제자로서 성장하고 있었다. 예수님의 부활을 경험한 제자들은 자신들이 도저히 예수님을 따라갈 수 없는 부족한 자들임을 깨달은 것이다. 그렇기에 예수님을 따라가고는 싶지만, 예수님을 따르는 것 자체가 예수님께 폐가 되는 일일 수 있기에, 그들이 할 수 있는 고기 잡는 일로 돌아갔다고 볼 수 있다. 이러한 추론이 가능한 이유는, 요한복음 21장을 보면, 그들은 고기 잡는 일로 돌아갔지만, 예수님을 기다리고 있었다. 예수님 없으면 살 수 없는 존재가 되어버렸기 때문이다. 그들을 찾아가신 예수님을 보고 요한이 "주님이시다"라고 외치자, 확인도 하지 않고 물로 뛰어간 베드로의 모습이 그것을 증명한다. 물을 걷다가 파도를 보고 빠져서 죽을 고비를 넘긴 베드로이다. 충분히 트라우마가 있었겠지만, 주님이라는 말만 듣고 물로 뛰어들었다. 그만큼 기다렸고, 보고 싶었기 때문이다. 이것이 제자로서의 성장인 것이다. 주님 안에서 내가 누구인지를 진정으로 볼 수 있었기 때문이며, 이제는 예수 없이는 살 수 없는 존재가 된 것이 성장이다.

결국 부활하신 예수님은 제자들과 40일을 함께 계시다가 승천하셨다. 그 후 제자들은 자신들이 파송받은 자리에서 작은 예수로서의 사역을 감당하다가 순교하며 삶을 마무리하였다. 자연사한 사도 요한만을 제외하고. 결국 예수님의 제자화 사역은 3년 반 동안 찐한 예수님의 사랑을 경험케 하시고, 예수님 없으면 살 수 없는 존재가 되게 만드신 것이 모든 것이었다. 그리고 그 사랑의 관계를 기반으로 주님과 교통하며 험란한 세상 속에서 주님의 도우심으로 자신의 사역을 감당하며 제자로 온전히 설 수 있게 된 것이다. 사랑이 제자도를 완성하고 온전한 제자를 만든다. 사랑이라는 토양 위에서 제자는 성장하며, 급기야 예수님을 온전히 닮은 제자가 탄생된다. 이러한 원리가 현대 제자화에 적용될 수 있다면, 예수님이 그러하셨듯이, 온전한 제자를 만들어 낼 수 있을 것이다. 제자화를 거친 저자는 지속적으로 성장한다는 사실! 그리고 사랑이라는 토양 위에서 스스로 세상과 맞서서 싸우며 온전한 제자가 만들어진다는 사실을 꼭 기억해야 한다.

참고문헌

[외국서적]

Bagchi, David and Steinmetz, David C. The Cambridge Companion to Reformation Theology. New York, NY: Cambridge University Press, 2004.

Bender, Harold. ed., Menno Simon's Life and Writings. Scottdale: Mennonite Publishing House, 1958.

Hershberger, Guy F. ed. The Recovery of the Anabaptist Vision. OR: Wipf & Stock Publishers, 2001.

Hunter, George G. To Spread the Power: Church Growth in the Wesleyan Spirit. Nashville, TN: Abingdon, 1987.

Klassen, Abram. "The Bible in the Mennonite Brethren Church" Direction. A Mennonite Brethren Forum, 1973.

Kopf, Ulrich. Junghans, Helmar. Stackmann, Karl. D. Martin Luthers Werke. Weimarer Ausgabe (Sonderedition). Verlag Hermann Bohlaus Nachfolger Weimar: 2002

Merton, Thomas. An Introduction to Christian Mysticism. MN: Liturgical Press, 2008.

Newton, John A. Methodism and Puritans. London: Dr. William's Trust, 1964.

Newton, John A. Susanna Wesley. London: The Epworth Press, 1968.

Simons, Menno. The Complete Writings of Menno Simons(1496-1561). Ed. by J. C. Wenger & Tr. by L. Verduin. Scottdale: Herald Press, 1956.

Taylor, Charles. A Secular Age. Cambridge, MA: The Belknap Press of Harvard University, 2007.

Winter. Ralph D. & Hawthorne, Steven C. eds., Perspectives on the World Christian Movement. Pasadena: Williams Carey Library, 1992.

[외국 논문 및 정기간행물]

Burkholder, J. Lawrence "The Anabaptist Vision of Discipleship." The Recovery of the Anabaptist Vision. Herald Press: Scottdale, 1962. 135)

Chilcote, Paul W. "The Integral Nature of Worship and Evangelism." The Study of Evangelism. ed. by Paul W. Chilcote & Laceye C. Warner, Grand Rapids, MI: Eerdmans, 2008.

Friedmann, Robert. "The Hutterian Brethren." Guy F. Hershberger, ed. The Recovery of the Anabaptist Vision. Scttdale, Pennsylvania: Herald Press, 1957.

Rupp, Gordon. "Son of Samuel: John Wesley, Church of England Man." in The Place of Wesley in the Christian Tradition. Kenneth E. Rowe, ed. Metuchen, NJ: The Scarecrow Press, Inc., 1976.

Snyder, Howard A. "Pietism Moravianism, and Methodism as Renewal Movement." Ph. D. diss., University of Notre Dame, 1983.

Stadler, Ulrich. "The Living and Written Word." Walter Klaassen, ed. Anabaptism in Outline, Scottdale, PA: Herald Press, 1981.

[번역서적]

머레이, 스튜어트. 『이것이 아나뱁티스트다』, 강현아 역. 논산: 대장간, 2011.

맥그라스, 알리스터. 『종교개혁시대의 영성』. 박규태 역. 서울: 좋은씨앗, 2010.

빌헐, 『완전한 제자도』. 박규태 역. 경기: 국제제자훈련원, 2009.

스나이더, 아놀드. 『재세례 신앙의 씨앗으로부터』, 김복기 역. 강원: Korea Anabaptist Press, 2007.

스패너, 필립 야곱. 『경건한 소원』. 엄성옥 역. 서울: 은성, 1988.

스페이커르, 빌럼 판 엇. 『기도, 묵상, 시련』. 황대우 역. 서울: 그책의사람들, 2012.

스토트, 존. 『제자도』. 김명희 역. 서울: IVP, 2012.

스티브 & 로이스 레이비 편저. 『21세기 제자도』. 윤종석 역. 서울: 복있는 사람,

2007.

아른트, 요한. 『진정한 기독교』. 노진준 역. 서울: 은성, 1988.

어브, 피터 C. 『경건주의자들과 그 사상』. 엄성옥 역, 서울: 은성, 1991.

옥스버거, 데이비드. 『아나뱁티스트의 3차원 영성 해부』. 조계광 역. 서울: 생명의말씀사, 2007.

에스텝, 윌리엄. 『재침례교도의 역사』. 정수영 역. 서울: 요단출판사, 1985.

워드, 베네딕다. 『사막 교부들의 금언』. 허성석 역. 서울: 분도출판사, 2017.

웨슬리, 존 "1789. 3. 1. 전도자들과 동료들에게 쓴 편지." 웨슬레사업회 편집부. 『서간집: 존 웨슬리총서 10』. 웨슬리사업회, 1983.

윌킨스, 마이클. 『제자도 신학』. 황영철 역. 경기: 국제제자훈련원, 2015.

이냐시오스, 『일곱 편지』. 박미경 역. 서울: 분도출판사, 1997.

콜만, 로버트. 『주님의 전도 계획 참조』. 홍성철 역. 서울: 생명의말씀사, 2007.

호스테틀러, 존 A. 『아미쉬 사회』. 김아림 역. 서울: 생각과 사람들, 2013.

호퍼, 존. 『후터라이트 공동체의 역사』. 김복기 역. 강원: Korea Anabaptist Press, 2008.

클락, 민디 스탄스. 『아미쉬 생활에 대한 작은 안내서』, 신아인 역. 생각과 사람들, 2015.

[국내서적]

김승진. 『근원적 종교개혁』. 대전: 침례신학대학교출판부, 2011.

대천덕. 『나와 하나님』. 서울: 홍성사, 2004.

대천덕. 『대천덕 신부와의 대화: 기독교는 오늘을 위한 것』. 서울: 생명의 샘터, 1987.

대천덕, 『대천덕 자서전』. 서울: 홍성사, 2024.

대천덕, 『대천덕 절기설교』. 서울: 홍성사, 2006.

대천덕, 『신학과 사회에 대한 성경의 가르침』. 서울: CUP, 1998.

대천덕, 『우리와 하나님』. 서울: 무실, 1993.

메노나이트 신앙고백 편찬위원회, 『메노나이트 신앙고백』. 서울: KAP, 2007.

박용호, 『존 웨슬리의 속회론』. 서울: 도서출판 kmc, 2008.

이대섭. 『초기 기독교의 역사적 배경』. 안산: 성광문화사, 1986.

임세근, 『단순하고 소박한 삶: 아미쉬로부터 배운다』. 서울: 리수, 2009.

지형은 외 5인. 『기독교 영성의 역사』. 서울: 은성, 1997.

주도홍 편저. 『독일의 경건주의』. 서울: 기독교문서선교회, 1991.

하도균. 『전도바이블』. 서울: 소망, 2023.

현재인. 『예수원 이야기』. 서울: 홍성사, 1999.

홍성철, 『불타는 전도자 존 웨슬리』. 서울: 도서출판 세복, 2006.

[논문 및 정기간행물]

김경란, "예수원 설립자 대천덕 신부의 기독교 교육사상 연구." 천안: 백석대학교, 2019.

김동수, "대천덕 성령론의 특징과 공헌." 『영산신학저널 36』. 경기: 영성신학연구소, 2016.

김복기. "아나뱁티스트와 제자도." 『KAC20년 2001~2021』. 강원: Korea Anabaptist Center, 2021.

김재형. "사막 교부들의 세 단계 영성." 서울: 장로회신학대학교, 2011.

김홍기. "초기감리교회의 조직화와 속회 중심의 영성 훈련." 『신학과 세계 40호』. 서울: 감리교신학대학교, 2000.

노원준, "재세례파의 제자도와 복음전도에 관한 연구." 경기: 서울신학대학교, 2020.

이후정. "경건주의자들의 영성." 『기독교사상 209』. 서울: 대한기독교서회 1995.

조해룡, "공적 제자도를 이루는 생태학적-선교적 교회론: 하워드 스나이더의 교회론을 중심으로." 『선교신학 제43권』. 광주: 한국선교신학회, 2016.

[기타]

신한열 수사. "떼제 이야기1" 주간기독교, 2022, 10, 4.

신한열 수사. "떼제이야기2" 주간기독교 2022, 10, 11.

신한열 수사. "떼제이야기3" 주간기독교, 2022, 10, 18.

신한열 수사. "떼제이야기4" 주간기독교, 2022, 11. 8.

"침묵의 가치" 떼제의 편지, 2005, 1, 24. https://www.taize.fr/ko article1634.html

예수원 홈페이지. www.jabbey.org

제자도의 발자취
역사적 고찰과 현대적 적용

초판 1쇄 발행 2025. 04. 18.

지은이	하도균
펴낸이	방주석
펴낸곳	도서출판 소망
주　소	10252 경기도 고양시 일산동구 고봉로 776-92
전　화	031-976-8970
팩　스	031-976-8971
이메일	somangsa77@daum.net
등　록	(제48호) 2015년 9월 16일

ISBN 979-11-988176-2-4 03230
책값은 뒤표지에 있습니다.

나의 힘이신 여호와여 내가 주를 사랑하나이다(시18:1)